ものが語る歴史　34

火と縄文人

高田和徳 編

同成社

1. 御所野遺跡　復元された大型竪穴の炉（稲野彰子撮影、一戸町教育委員会提供）

2. 御所野遺跡　復元された縄文遺跡（一戸町教育委員会提供）

3. 御所野遺跡　炭化種子が入れられた掘立柱建物跡（復元）
（一戸町教育委員会提供）

4. 御所野遺跡　柱穴45断面
（一戸町教育委員会提供）

5. 御所野遺跡　家を焼く実験（一戸町教育委員会提供）

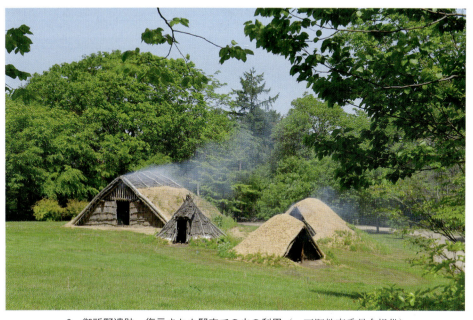

6. 御所野遺跡　復元された竪穴での火の利用（一戸町教育委員会提供）

7. 発掘された焼失建物跡
    上：C7（馬場平遺跡）
    下：DF22（御所野遺跡）
    （一戸町教育委員会提供）

1：石囲炉

2：土器埋設炉

3：土器埋設石囲炉

4：地床炉

8．御所野遺跡　さまざまな炉（一戸町教育委員会提供）

9. 御所野遺跡　骨を焼く儀礼の行われた場所
　　（一戸町教育委員会提供）

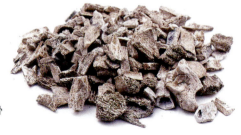

10. 御所野遺跡出土の焼かれた獣骨
　　（一戸町教育委員会提供）

11. 御所野遺跡出土の
　　焼かれた炭化種子
　　（一戸町教育委員会提供）

12. アイヌの家送り（北海道立図書館所蔵）

13. アイヌの復元家屋内で行われた儀礼と炉（百瀬響撮影）

14. 宮城県蔵王町　カマド（東北歴史博物館所蔵）

15. 美々8遺跡出土の発火具
    （北海道埋蔵文化財センター提供）
    1：キリモミ式発火具
    2：火皿
    3：燈火用白樺皮（チノイェタッ）
    4：スネニ

16. 石狩紅葉山49号遺跡出土のスネニ
    （いしかり砂丘の風資料館提供）
    1：使用イメージ　2：出土状況

はじめに

　一戸町では 2009 年から「北海道・北東北の縄文遺跡群」の構成資産のひとつである御所野遺跡の世界遺産登録に向けた取り組みを行っており、2014 年には登録に向けたふたつのシンポジウムを開催した。ひとつは「縄文人のくらしと水」、もうひとつが「縄文人のくらしと火」をテーマとしたシンポジウムである。本書は後者のシンポジウムにパネラーとして参加いただいた方々に、発表内容をもとに同じテーマで執筆いただいたものである。

　シンポジウムは御所野遺跡の紹介と縄文時代のくらしについて理解を深めるために開催したということもあり、第Ⅰ章では御所野遺跡の発掘調査の内容を主体としてまとめた。シンポジウム当日はその内容をさらに深化させるため岡村道雄先生に「縄文人と火」というテーマで基調講演をしていただいたが、その内容を基本としてさらに考古学的な視点から執筆いただいたのが第Ⅴ章の「日本の火にまつわる考古学」である。人類の火の利用からはじまり、日本列島の火の使用、そして縄文時代の火ということで歴史的な流れとともに多様な火の利用について詳述していただいた。現段階での人類と火に関わる内容の集大成ともいうべき内容となっている。

　しかし、考古学的な情報だけで具体的に火の利用方法などを語ることは非常に難しい。

　したがってシンポジウムでは、他分野からの視点として、3 名の方に発表していただいた。北海道教育大学の百瀬響先生からは「アイヌのくらしと火の利用」というテーマで発表していただき、その内容を第Ⅱ章に執筆いただいた。百瀬先生のご専門は文化人類学で、そのなかのひとつとしてアイヌ文化を研究なさっている。そこで第Ⅱ章では御所野遺跡の特徴でもある土屋根竪穴建物に関連した、土の住居と家を焼く送り儀礼についてまとめた内容となっている。

言語学がご専門の北海道大学の丹菊逸治先生からは「北方民族のくらしと火の利用」というテーマで、少数民族ニヴフのことばの紹介も交えながら発表していただいた。本書では聞き取り調査や文献史料などからニヴフ民族の住居や火に対する観念などについてまとめていただいている。

　日本人にとって炉は欠かせないものであった。その伝統は旧石器時代や縄文時代から続いてきたものであるが、その炉について、あるいは火に関する観念などを最も具体的に語ることができるのが民俗学である。東北歴史博物館の笠原信男先生には、民俗学的な見地から発表していただき、その内容を第Ⅳ章としてご執筆いただいた。

　以上、本書では縄文人のくらしを明らかにするため「火」というテーマをとりあげ、遺跡に残された遺構・遺物から縄文人のこころに迫るためのひとつとして、考古学の成果をもとにしてアイヌやニヴフ、あるいは民俗学などで扱われている火を紹介しながら「火と縄文人」について考えてみた。縄文人が火に込めた一端を示すことができていたら幸いである。

高 田 和 徳

目　次

はじめに

Ⅰ　縄文ムラと火……………………………………………高田和徳　　1

Ⅱ　アイヌのくらしと火………………………………………百瀬　響　　41
　　──土の住居と家を焼く送り儀礼──

Ⅲ　ニヴフ民族のくらしと火…………………………………丹菊逸治　　61

Ⅳ　イロリと火の民俗学………………………………………笠原信男　　83

Ⅴ　日本の火にまつわる考古学………………………おかむらみちお　113
　　──特に火の持つ神聖性について──

おわりに　143
編者・執筆者紹介　145

I　縄文ムラと火

高田和徳

　縄文集落での火の使用は炉で確認できる。竪穴の外にある屋外炉となかにつくられる屋内炉とがあり、後者が一般的である。竪穴のなかに炉がつくられるようになるのは、おおよそ8000年前の縄文時代早期中頃以降で、ほとんどの竪穴が炉を伴うようになる。炉では煮炊きや明かりのほか、暖房など日常的に火を使ったと考えられ、地面が赤く焼けている。ただ発掘調査でその利用方法を具体的に確認するのは難しい。例えば土器を使った煮炊きは屋外で行われたという意見もある。

　炉にはいくつかの型式があり、時期や地域を異にすることも多いことから、集落の変遷や集団差などが投影されている可能性もある。ここでは岩手県御所野遺跡の炉について整理し、集落構成とむらのうつりかわりについて考えてみたい。竪穴内での日常的な火の利用とともに、それとはやや異なった目的で火が使われる場合もある。御所野遺跡でも近年いくつか資料が蓄積されてきており、縄文集落でのもうひとつの火の利用についても紹介する。[1]

1. 御所野遺跡の概要

　岩手県北部の一戸町に位置する縄文時代中期後半の遺跡である。北上山地を水源として青森県東南部の八戸湾に注ぐ馬淵川の上流域の東西500ｍ、南北150ｍの東西に長い中位段丘面に立地し、その後背丘陵も含めたおおよそ77,000㎡が国指定史跡となっている。遺跡の主体は段丘上の平坦面で、おおよそ60,000㎡にムラの施設が集中している。

(1) 調査の経過

　発掘調査は 1989（平成元）年にはじまった。工業団地の造成という開発に伴う調査で、縄文時代中期の配石遺構を中心とした大集落跡であることが判明している。1991（平成 3）年に遺跡の全面保存が決定、1993（平成 5）年 12 月に国指定史跡となった。1994 年からは、遺跡の整備を目的として 2000 年まで調査を継続し、2002（平成 14）年に「御所野縄文公園」としてオープンしている。その後 2005 年まで遺構復元のための調査を継続し、その成果をもとに残りの施設を復元している。2007 年からは遺跡の範囲を確定するための調査、2009 年からは中央部の盛土遺構で内容を把握するための調査を実施している。

　以上の調査により現在までに遺跡全体の 40％近くで遺構を確認しており、そのうち遺構を掘り下げたのは 15％ほどである。その調査で明らかになった御所野遺跡の概要は次の通りである。

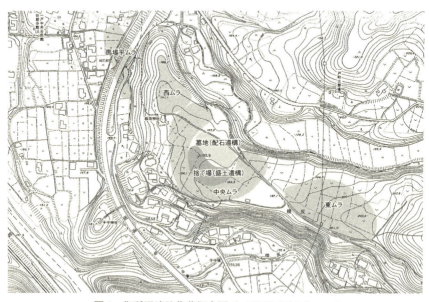

図 1　御所野遺跡集落概念図（一戸町教育委員会 1993）

（2）遺跡の概要

　縄文時代の遺構は指定地のほぼ全域に分布しているが、なかでも台地の東南部、中央部、さらに北西部の3箇所に集中している（図1）。ここでは全体の位置が理解しやすいように、それぞれを便宜的に「東ムラ」「中央ムラ」「西ムラ」として記述する。検出した遺構は、居住施設である竪穴建物跡（以下竪穴とする）、貯蔵穴と考え

表1　御所野遺跡の時期区分と土器型式

時期	土器分類	土器型式
Ⅰ期	Ⅰ群	円筒上層c式
Ⅱ-1期	Ⅱ-1群	円筒上層d式
Ⅱ-2期	Ⅱ-2群	円筒上層e式
Ⅲ-1期	Ⅲ-1群	大木8b（古）式併行
Ⅲ-2期	Ⅲ-2群	大木8b（新）式併行
Ⅳ-1期	Ⅳ-1群	大木9（古）式併行
Ⅳ-2期	Ⅳ-2群	大木9（新）式併行
Ⅴ-1期	Ⅴ-1群	大木10（古）式併行
Ⅴ-2期	Ⅴ-2群	大木10（新）式併行

（一戸町教育委員会　2016）

られるフラスコ土坑、祭祀と墓の一体的な施設である配石遺構、墓壙、掘立柱建物跡など縄文集落で一般的に確認できるもののほかに粘土採掘跡などを調査している。

　遺跡の時期は中期中葉から中期末葉まで継続しており、その期間は土器型式をもとにⅠ期からⅤ期まで時期区分しているが、調査の進展とともにさらに次のように細分している（表1）。

　御所野遺跡の西側に馬場平遺跡がある。御所野遺跡の台地より一段低い段丘面に立地することから御所野遺跡の西側の崖下に相当する。御所野遺跡と同じ時期の遺跡で、特にその前半期の遺構が集中している。関連する遺跡と考えられることから、ここでは御所野遺跡に含めて「馬場平、あるいは馬場平ムラ」として記述を進める。

　地区ごとの大まかな変遷は次のようになる。

　Ⅰ期は馬場平の北西部で竪穴を数棟確認しているほか、西ムラの西端で大型竪穴などを調査している。Ⅱ期も同じく馬場平のほか、西ムラの北端、中央ムラの南側、東ムラ、さらに北東部にもいくつか分布している。Ⅲ期は馬場平のほか、中央ムラの配石遺構周辺に分布が限られる。配石遺構周辺はこの時期に大規模に削平され、削られた土は南側に盛っている（盛土遺構）。削平地はそ

れ以降墓域の建物となるが、中央を広場とし、その周辺が墓坑、さらにその外側を竪穴などが環状にまわっている。したがって南側の盛土上にも次々と建物がつくられたことになる。

　中央ムラの遺構群はⅣ期前半まで継続されるが、後半になると中央ムラのほか、北東部と北西部にも範囲が拡大する。なおⅣ期以降馬場平のムラは消滅する。Ⅴ期はそれまでの集落の構造がくずれ、それまでの空白地にまで分散するし、御所野だけでなく、東側の丘陵地や馬淵川の対岸など、周辺地域にまで拡大する（高田 2008）。

　竪穴は現在600棟近く確認しているが、最終的に1,000棟を越すのはほぼ確実である。ただ遺跡は早くから保存が決定したこともあり、部分的なトレンチ調査が多く、完掘したのは93棟と多くはない。そのほか馬場平では37棟を完掘している[3]。

2. 住居と炉

　縄文時代の住居は基本的には竪穴建物であるが、縄文時代草創期に出現して以来、時代とともに変化している。御所野遺跡の時期である中期中葉から末葉にかけても平面形態や柱の構造なども大きく変化している。このような竪穴はその付属施設である炉も含んで変遷している可能性が高く、両者を一体のものとしてそのうつりかわりを検討し、併せて馬場平と御所野という地区ごとにも比較してみる。

（1）竪穴の分類（図2・3）
　御所野遺跡では、Ⅰ～Ⅴ期の竪穴群がある。各竪穴を平面形態と柱配置から次のように分類した。
　A　方形を基調とする竪穴
　　正方形のほか隅丸方形、あるいは所謂ロングハウス型の長方形、あるいは隅丸方形もあるが一括した。

I 縄文ムラと火　5

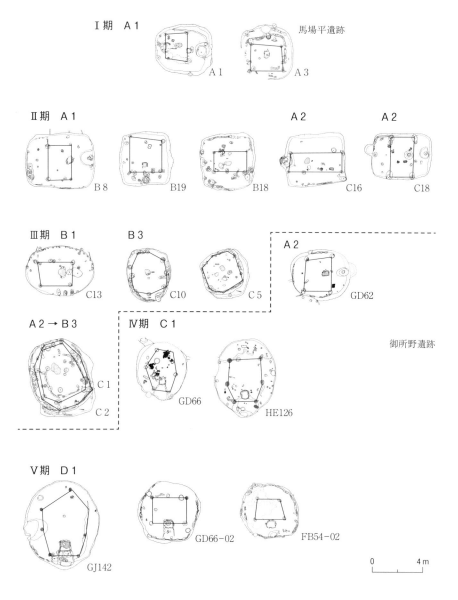

図2　御所町遺跡　竪穴のうつりかわり（1）

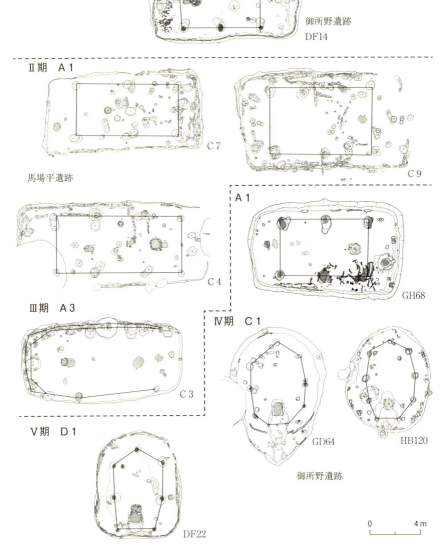

図3 御所野遺跡 竪穴のうつりかわり（2）

1. 竪穴の内側に柱穴があるもの

    主柱穴は4本、6本、8本で、柱配置は正方形、台形、長方形となる。大型竪穴の場合6本、あるいは8本の長方形配置となるが、そのいずれか一端にやや小模な柱穴が1〜2個伴うものもある。

2. 竪穴の壁際に柱穴を配置するもの

    いずれも主柱穴は長方形配置の4本で、竪穴の長軸方向にあるものと短軸方向にあるものとがある。

3. 竪穴の壁際を柱穴がめぐるもので、柱間寸法は短くなるため柱の数は多くなる。柱穴は竪穴の平面形に近い隅丸長方形となる。

B 楕円形を基調とする竪穴

1. 竪穴の内側に柱穴があるもの

    主柱穴は4本で配置は正方形、あるいは台形となる。いずれも中型の竪穴である。

2. 竪穴の壁際に柱穴を配置するもの

    いずれも主柱穴は4本で、竪穴の長軸方向に2本ずつ配置される。柱配置は長方形である。

3. 柱穴が竪穴の壁際をめぐるもので、柱間寸法は短くなるため柱の数は多くなる。配置は竪穴の平面形に近い楕円形となる。

C 卵形を基調とする竪穴

1. いずれも柱穴は竪穴の内側に配置され、中・小型竪穴の場合、炉の両側に4本、あるいは6本となる。4本は正方形、6本は中央両側の柱穴が外側に張り出す樽型配置となる。6本柱の場合、いずれも奥壁寄りの中央に柱穴を配置して7本とする。

D 円形を基調とする竪穴

1. 円形のほか一辺（入口側）が平坦になる砲弾形の形態も含める。いずれも柱穴は竪穴の内側に配置される。4本柱の正方形を基本とするが、規模の大きい竪穴では、6本柱、あるいはさらに先端部に1本を配した7本柱もある。

(2) 炉の分類（図4）

aタイプ　単独の炉
1. 石組炉：石を配置した炉で、形態は正方形、長方形、楕円形、円形などがある。
2. 地床炉：地面で直接火を焚いており、その痕跡が焼土として残されている。なかにはあらかじめ掘り込んでいるものもある。
3. 土器埋設炉：土器を埋め込んだ炉。
4. 土器埋設石組炉：石組炉のなかに土器を埋設したもので、石の配置は円形と方形の両例がある。方形炉では炉のなかに土器片を敷いている。

bタイプ　壁からの掘り込みを伴う炉
1. 掘り込みが膨らみをもち先端部に石組炉をもつもの。
2. 掘り込みが直線的で先端部に石組炉をもつもの。
3. 掘り込みをもち先端部に複数の石組炉をもつもの。
4. 掘り込み部分と石組炉が分離するもの。

以上の掘り込みを伴う炉は、複式炉、あるは複式炉系列の炉（三浦・高橋1978）と呼ばれており、中期後半に東北地方北部で盛行した形態である。[4]

(3) 竪穴と炉のうつりかわり

竪穴と炉の関係について時期ごとに検討してみよう（表2）。

御所野遺跡はⅠ～Ⅴ期までの各時期の遺構を調査しているが、完掘した遺構はそれほど多くはない。逆に馬場平遺跡は道路建設予定地全域を完掘しておりⅠ～Ⅲ期までの遺構が含まれ資料も揃っている。以上から竪穴と炉の変遷をⅠ～Ⅲ期は馬場平、Ⅲ～Ⅴ期は御所野の資料をもとに検討する。

① Ⅰ～Ⅲ期（馬場平遺跡）

竪穴の平面形は、Ⅰ～Ⅱ期はいずれも方形基調のAであるが、隅丸方形と

I 縄文ムラと火　9

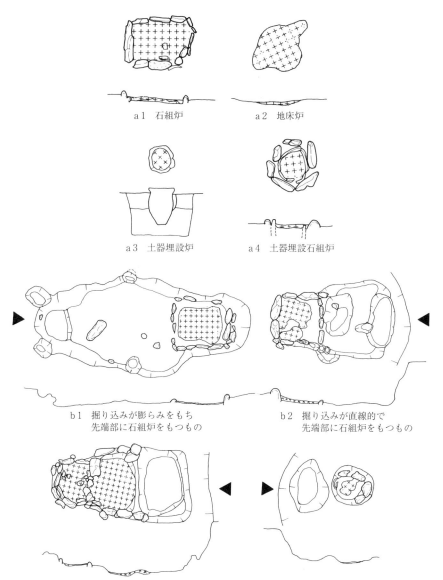

a1　石組炉　　　　a2　地床炉

a3　土器埋設炉　　a4　土器埋設石組炉

b1　掘り込みが膨らみをもち　　　b2　掘り込みが直線的で
　　先端部に石組炉をもつもの　　　　先端部に石組炉をもつもの

b3　掘り込みをもち先端部に複数の炉をもつもの　　b4　掘り込み部分と石組炉が分離するもの

図4　いろいろな炉のタイプ（▶は入口を示す）

表2　御所野遺跡　竪穴と炉のうつりかわり

		Ⅰ期	Ⅱ期		Ⅲ期		Ⅳ期		Ⅴ期	
			Ⅱ-1	Ⅱ-2	Ⅲ-1	Ⅲ-2	Ⅳ-1	Ⅳ-2	Ⅴ-1	Ⅴ-2
竪穴の形態・構造	A-1	■	■	■						
	A-2			■						
	B-1				■					
	B-2					■				
	C-1						■	■		
	D-1								■	■
炉の形態	a-1	-----	-----							
	a-2		───	───						
	a-3	······	······	······	······					
	a-4		───	───						
	b-1						───	───		
	b-2								───	
	b-3								───	
	b-4									───

·········· 大型竪穴　　─── 中型竪穴　　------- 小型竪穴

方形とがある。柱穴配置に特徴があり、竪穴内のやや内側にあるもの（A1）と壁際にあるもの（A3）とがある。柱穴は小型竪穴にはなく、中型竪穴で4本、大型竪穴は6本から8本で、台形、あるいは正方形、長方形配置となる。Ⅲ期になると竪穴の平面形は大形竪穴と中・小型竪穴では異なっており、大型竪穴は隅丸長方形、中・小型竪穴が楕円形である。柱穴配置は中型竪穴ではB1とB2の両例あるが、大型竪穴は建て替えをしているが、いずれも柱穴は壁際にありA3となる。ただし新旧の竪穴では柱穴の規模が異なっており、古い竪穴の柱穴の方が大きく、A2に近い。

　以上のような建物の形態と構造に炉はどのように関わるのであろうか。

　Ⅰ期からⅡ-1期にかけてはいずれも石囲炉（a1）である。石組みの形態は長方形、正方形、楕円形と多様である。炉の位置は、この時期に特有の埋甕な

どの特殊ピット等のある場合は、その施設に寄った位置が選択される（阿部2011）。Ⅱ-2期はA1の隅丸長方形のC16、C18は土器埋設炉（a3）、A2の正方形のB18は地床炉（a2）である。

　Ⅲ期はいずれも地床炉であるが、C5では地床炉とともに隣接して土器埋設炉が設置されている。いずれもあらかじめ掘り込んでから構築している。C1は周溝や柱穴などから3回の建て替えを確認しているが、内側の竪穴ほど古く、順次拡張しており、最も外側の竪穴からⅢ-2群土器が出土している。最も古い竪穴の柱穴配置はA2、それ以後はB3であり、A2からB3への変化を確認できる。残念ながらA2の炉は削平されたのか確認できなかった。

　大型竪穴は4棟が同じ場所で重複している（図5）。いずれも長さ12 m以上のロングハウスで、遺構の新旧からC9→C7→C4→C3という変遷を確認している。南側の東西棟C9が最も古く、その後東側の半分を利用して北側に広げた南北棟がC7、その後C9の西側を利用して北側に伸ばしたのがC4である。以上の3棟の床面のレベルはほぼ同じであるが、C3はC7の竪穴が完全に埋まってからその東側に構築している。各竪穴の時期は、C9は粗製の埋設炉以外に床上遺物がないため不明であるが、Ⅱ-1群土器が堆積土中から出土している。ただ遺構外から出土した土器にⅠ群土器がかなり含まれていることから、古くなる可能性もある。C7は堆積土の下層からⅡ-1、Ⅱ-2群土器が混在しており、上層にはⅢ群土器も含まれている。C4は堆積土中からⅢ-1群土器が多く出土しており、Ⅱ-2期、あるいはⅢ-1期であろうか。C3は床上からⅢ-2群土器が出土しており、その時期と考えられる。ところで4棟はいずれも柱穴の配置が複数あったり、竪穴の内側に周溝がそのまま残るものもあることから建て替えた可能性が高い。以上のような竪穴の新旧や出土遺物から少なくとも8時期が想定され、しかもC9からC3まで連続して建てられた可能性が高い。

　炉は各竪穴とも複数確認されているが、竪穴中央の中軸線上で検出されるものとやや壁際近くにあるものとがある。前者は焼土範囲が広く、しかも厚い場合が多い。それに対して後者は小規模なものが多い。つまり中軸線上の炉がよ

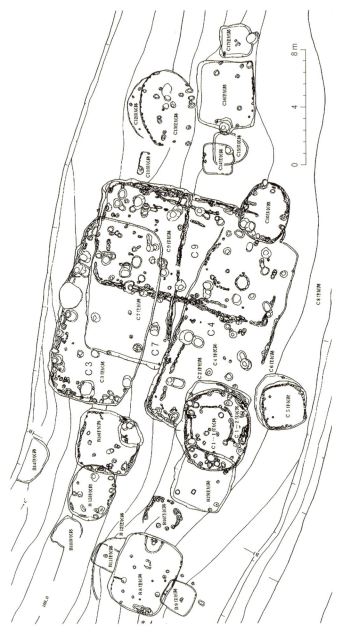

図5 馬場平遺跡 大型竪穴のうつりかわり（一戸町教育委員会 1983）

り日常的に使用されたことを示している。あるいは性格を異にしている可能性もある。

　C9とC7の古い2棟は規模の大きい地床炉と壁際の土器埋設炉、C4は中軸線上の大きい石囲炉のほか、2基の小さい石囲炉と地床炉とがある。C3は中軸線上に規模の大きい地床炉が1基ずつある。以上の大型竪穴では、中軸線上の規模の大きい炉は、内部のいずれか半分のほぼ中央に大きな炉が構築されている。以上から大型竪穴の炉は、Ⅱ期では地床炉（a2）と石囲炉（a1）が主体で土器埋設炉を伴うが、Ⅲ期は地床炉に統一される。

　小型竪穴は、Ⅱ−1期の2棟が石囲炉のほかはいずれも土器埋設炉である。土器埋設炉は、最も古いⅠ期からⅢ期まであり、小型竪穴では最も一般的な炉と言える。

　以上から馬場平遺跡のⅠ～Ⅲ期の炉は、大型竪穴ではⅡ−1期で地床炉、Ⅱ−2からⅢ−1期で石囲炉、Ⅲ−2期で地床炉となる。それに対して中型竪穴は、石囲炉から地床炉・土器埋設炉→地床炉、小型竪穴は土器埋設炉が各時期を通じて多いことが確認できる。

　基本的に大型竪穴と中型竪穴は同じ炉が構築されるが、Ⅱ期だけは別々な炉も採用される。Ⅲ期は規模に関係なく大型から中型、小型とも地床炉である。

② Ⅲ期～Ⅴ期（御所野遺跡）

　Ⅲ期の竪穴は中央部に集中している。完掘した竪穴は少なく内容も不明であるが、基本的には馬場平遺跡のⅡ−2期からⅢ−1期のように隅丸方形（A）から楕円形（B）に変化したと考えられる。柱穴配置はA2の4本柱の例はGD62竪穴で確認している。この竪穴に伴う炉はa1の石囲炉である。

　Ⅳ期になると竪穴は楕円形から卵形（C）に変化し、新たにb1の掘り込みのある炉が出現する。楕円形の一端が細くなり、その部分に掘り込みがあり、入口施設となる。このような掘り込みを伴う炉は、竪穴の形態や柱配置の変化と一体となって成立したものと考えられ、炉が独自に発展変化したのではない。Ⅳ期の炉は幅広い掘り込みの先端部に石囲炉のついた形態（b1）となる。

Ⅴ期になると竪穴の平面形態は卵形から円形（D）へと変化するが、円形のなかには入口部分が平坦になる砲弾形の例がある。類例が少ないため確実ではないが、平面形態は、円形→砲弾形→円形、あるいは砲弾形と円形が併存する可能性もある。いずれⅤ期の終末では円形の竪穴に掘り込みと炉が分離したｂ３の炉が伴う。

（４）竪穴と炉から見えること
　中期中葉から末葉の遺跡である御所野遺跡と馬場平遺跡で竪穴と炉の変遷を整理すると次のようになる。
　Ⅰ～Ⅲ期（前半）とⅣ～Ⅴ期（後半）にわけることができる。前半はさらにⅠ～Ⅱ期とⅢ期とに区分できる。Ⅰ～Ⅱ期は基本的には方形を基調としており、なかには隅丸方形も含まれる。柱配置は、竪穴のより内側にある場合と壁際をめぐる場合とがある。前者は竪穴の平面形態は方形基調（A）、後者は楕円形（B）となるため、後者の柱配置は、平面形態に合わせて柱の配置が変化したと考えることもできる。ただし、方形基調のなかでもⅡ-２期の柱穴は壁際にあるし（A２）、楕円形のⅢ期の竪穴では竪穴の内側に柱穴を配置するもの（ｂ２）もある。以上の竪穴とともに炉も変化する。つまりⅠ～Ⅱ-１期で主体となる炉は石囲炉で、Ⅱ-２期から地床炉となりⅢ期まで続く。ただ同じ時期でも小型竪穴、さらに中・大型竪穴の副次的な炉は土器埋設炉となる。以上のように馬場平では、竪穴の型式変化と炉が対応し、さらに各竪穴から出土した埋設土器、床上土器、堆積土の土器型式も連続しており、竪穴群が間断なく継続したと考えられる。中央部の同一地点で大型竪穴４棟が重複し、しかも８回までの建て替えが行われたことからも裏付けられる。かつて馬場平遺跡のⅡ・Ⅲ期で大型、中型、小型という組み合わせを想定していたが（高田1997）、それがⅠ～Ⅲ期の間継続した可能性が高い。
　御所野遺跡ではⅢ-１期の竪穴をいくつか調査しているが、A２の４本柱の竪穴に石囲炉を伴っている。またそれより若干古いと考えられるⅡ-２期の大型竪穴も主体となる炉は石囲炉である。現在までのところ御所野遺跡でⅢ期の

地床炉は確認できていない。また馬場平のⅢ期で盛行した壁際を柱穴群がめぐる竪穴の構造は、御所野で受け継がれなかったようである。平面形態が円形基調となるⅣ期以降、C・Dのいずれも壁際をめぐる柱穴群は全く現れなかった。以上竪穴と炉の型式から馬場平と御所野を比較したが、同時期での竪穴の構造と炉の型式が地区により異なるというのは集団差を意味しているのかもしれない。つまりほぼ同時期に形成された馬場平と御所野の集落は、それぞれ同じ場所で継続したが馬場平はⅢ-2期で消滅し、御所野ではそのまま中期末まで継続した、ということを考えてみたが、どうであろうか。将来御所野遺跡の調査が進展すればその是非も明らかになってくるであろう。

3．家を焼く

　縄文時代の建物には炭化材や焼土がそのまま残り焼失したと考えられる竪穴が発見される場合がある。すでに12,000年前の草創期の例もあり、その後各時期を通じて確認されているが、なかでも多くなるのは中期以降で、ほぼ晩期まで同じような割合で推移する（岡村編 2008）。もともと縄文時代の遺跡は圧倒的に東日本が多く、焼失竪穴も多く発見されているが、なかでも北海道・北東北の焼失率が高い。悉皆調査の行われた岩手県の傾向で比較すると県北部の一戸・二戸、あるいは久慈市、あるいは西部の山岳地帯で多くなるようである。詳細なデータはまだ得られていないが、秋田県の県北部や青森県でも発見されており、焼失した竪穴が最も多い地域と考えられる[6]。

　御所野遺跡と馬場平遺跡でも多く25棟を数えている。最も古いのは馬場平から出土したⅠ期（中期中頃）の竪穴で、それ以降Ⅱ期5棟、Ⅲ期2棟、Ⅲ～Ⅳ期2棟、Ⅳ期3棟、そしてⅤ期8棟と各時期のものがある。調査区別では、馬場平が6棟、御所野の西側が9棟、中央が11棟、東側が1棟となる。時期別では、Ⅰ～Ⅲ期の前半期は馬場平と御所野の両方にあるが、Ⅳ期以降は馬場平の集落は消滅するため御所野に限られる。Ⅳ期は中央部と西側で3棟、Ⅴ期の8棟のうち6棟は西側に集中している。

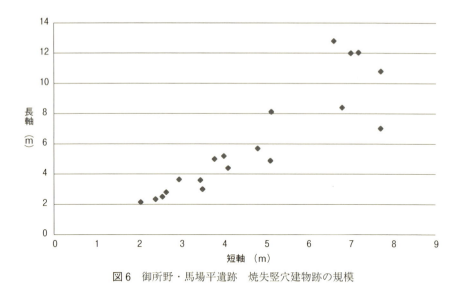

図6　御所野・馬場平遺跡　焼失竪穴建物跡の規模

　焼けた竪穴の規模は、長軸が8mを超す大型が6棟、そのほか4～6mの中型、さらに2～3mの小型などがあり、特に規模との関係はないようであるが（図6）、ただそれぞれの全体数と比較すれば、大型竪穴の割合が高くなるようである。

　ところで御所野遺跡と馬場平遺跡で発見された焼失竪穴を比較すると、焼失後の状況が大きく異なることに気がつく。竪穴のなかに土器や石器などの遺物が大量に投げ込まれる例と全くない竪穴がある。ここでは前者の例として馬場平のC7竪穴（Ⅱ期）、後者の例として御所野のDF62（Ⅴ期）を比較してみる。いずれも炭化材や焼土が良好に残っているが、遺物の出土状態はきわめて対照的である。

（1）焼けた竪穴2例
① C7竪穴（Ⅱ期－中期中葉）
　馬場平遺跡のほぼ中央に位置する大型竪穴である。既述のように同じ場所でほぼ同規模の大型竪穴4棟が重複している。東西棟のC9が最も古く、C9の

東側を利用して南北棟としたC7、その後C4、さらにC3を構築している。C3の下に意図的に埋められたこともあり、炭化材や多量の遺物がパックされたままの状態で保存されたと思われる（図7）。竪穴の規模は、南北12.80m、東西6.60m、76.91m²で、壁高は場所によりやや異なるが、ほぼ1mと深く埋土は1～14層まである。ここでは堆積のプロセスを理解しやすいように次のようにまとめた（図8）。

　A層（1～3層）黒褐色土で主に竪穴の東南部に分布している。
　B層（4～7層）黒褐色土で部分的に黒色土を含む。竪穴の中央から東側壁寄りに分布。遺物は南側から多く出土。
　C層（8層）黒褐色土に明黄褐色土を大量に含む。上・下層の鍵層となる。中央部から東側の凹地に堆積。
　D層（9～11層）黒褐色土、黒色土、暗褐色土で、いずれも炭化材を多量に含む。竪穴の北西部から中央やや東側まで分布。
　E層（12～14層）12層は褐色土、明黄褐色土は屋根の葺土、13層は黒褐色土、明黄褐色土、黒色土との混土、14層は黒色土となっており、いずれ

図7　馬場平遺跡　C7炭化材出土状況

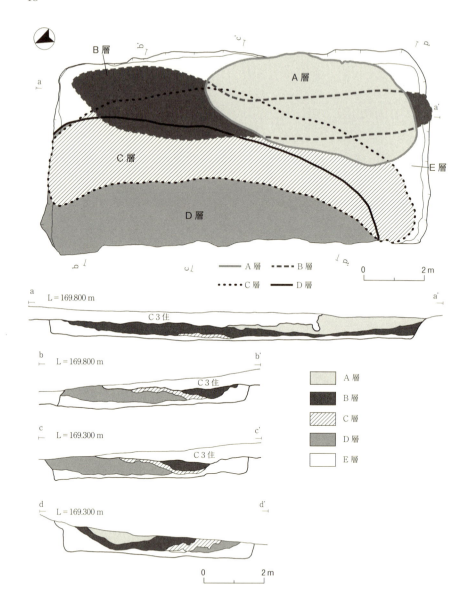

図8 馬場平遺跡 C7竪穴の堆積状況

も焼失時に屋根土や周堤が崩落して混入したものと考えられる。

 E層は竪穴のほぼ全面に分布しており、壁際に厚く、中央部で薄くなる。壁際は周堤、そのほかは屋根の崩落土と考えられる。床面のほぼ全面に炭化材が残ることから上から土で覆われた状態を想定でき、伏屋式の土屋根だった可能性が強い。炭化材はやや壁際に良好に残存し中央部に少ないことから、屋根の中央までは土がのっていなかった可能性もある。D層は北西方向の壁際に厚く、同じく中央部にかけて薄くなる。明褐色土を大量に含むC層は、D層を覆うように堆積しており、同じく西側から投棄されたと考えられる。

 以上のように、焼失後竪穴は主に北西方向や西側から土が投げ込まれ凹地となった、中央部の東寄りに堆積したのがB層、さらにその上にA層が堆積したと想定される。

出土遺物

 竪穴内からは多量の遺物が出土している。土器のほか、石器、土製品、石製品、獣骨、炭化植物種子などで、床上と堆積土中に区別できる。

床　上（図9）

 土器は埋設土器2点のほか2点出土している。埋設土器2点はいずれも上半部を欠いている。石器は石皿と敲石、石鏃未成品、石槍がそれぞれ1点ずつ、そのほか剝片が1点ときわめて少ない。土器は出土量全体の4％、石器も221点のうち5点と極端に少ない。

堆積土

 土器はA～E層から出土している。出土量の多いのはA・B層、D層、E層であるが、C・D・E層はいずれもⅡ群土器、A・B層はⅢ群土器が多くなる。石器は221点出土しているが、未成品も含めた石鏃が44点、石槍は未成品も併せて12点、ポイントフレークが33点、さらに剝片82点となっている。石鏃が多いこととその製作に関係する剝片資料が多い。逆に石匙やスクレイパーなど物を切る石器はなく、わずかに加工痕や使用痕のある剝片が数点含まれているだけである。次いで磨石類が19点と多いが、大半は堆積土中から出土している。獣骨はイノシシが7点、炭化した植物種子はオニグルミが4点、クリ

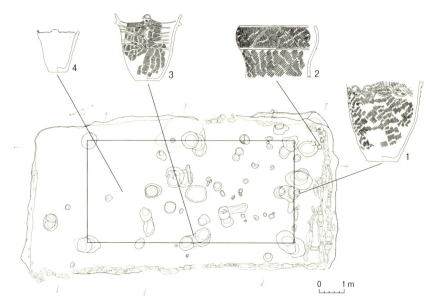

図9　馬場平遺跡　C7床上出土土器（一戸町教育委員会 1983）

が1点ある。炭化材は129点を樹種同定しているが、圧倒的にクリが多く、そのほかカツラが2点含まれていた。

② DF22竪穴（Ⅴ期－中期末葉）

　御所野遺跡の西側に位置している。南北8.40m、東西6.80mの大型竪穴で、平面形は南壁が直線的な砲弾形を呈している。周辺には同時期の竪穴をはじめⅡ～Ⅴ期の各竪穴が分布しており、なかでもⅤ期の竪穴が多いことから、同時期に焼失したものが含まれている可能性がある。竪穴の西側では古い未調査の竪穴2棟が重複している。竪穴のほぼ全面に大量の炭化材が残存している。堆積土との関係は次のようになる（図10）。

　1層　黒色土。基本層序2層に相当。遺物をほとんど含まない。
　2層　黒褐色土、暗褐色土、黒褐色土の順に堆積している。途中炭化材の小
　　　　片を層中、あるいは層下で確認しており、当初二次的な凹地の再利用と考

I 縄文ムラと火　21

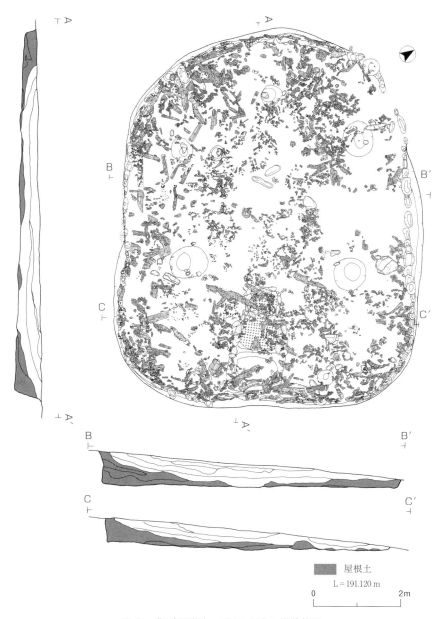

屋根土
L=191.120 m
0　　　　2m

図 10　御所野遺跡　DF22 竪穴の堆積状況

えていたが、その後焼失実験で直立する炭化した柱が剥がれて堆積することを確認している。

3層　褐色土、あるいはにぶい黄橙色土と黄橙色土、灰黄褐色土の混土で屋根土、あるいは周堤の土と考えられる。焼土ブロック、炭化材が多く含む。堆積土と炭化材や焼土などの分析をもとに建物の焼失過程についてはすでにまとめている（一戸町教育委員会2004、高田ほか1997）。

出土遺物

遺物の大半は床上と3層から出土している。土器は床上から竪穴の北西部壁際で壺形土器、小型土器3点とともに口縁部の長いトックリ形土器が2点出土している。壺形土器には大部に漆が付着するほか、その他の土器も特殊な土器である。粗製の深鉢形土器は入口側の掘り込みのある炉の東側から出土しており、明らかに北西部から出土した土器とは異なっている。その他2・3層中から土器片が出土しており、そのなかには復元されて器形の判明したものもある。なかには同一個体の破片も含まれているが、火災時に破壊されたか、あるいは周辺から混入した可能性が高い。

石器は石鏃、石錐、石匙、磨製石斧、石皿、砥石、台石など115点で、竪穴に直接伴う可能性のある床上から23点、あるいは3層から18点出土している。石鏃、剥片、石核などの剥片類が多い。図11は出土位置をあらわしているが、北西部の奥壁で錐と石鏃が1点ずつのほか板状の花崗岩が直立している。竪穴の中央南側で磨石類と石皿、台石、土製品は有孔土製品、土錘、円盤状土製品、その他炭化したクリ、トチノキ、オニグルミなどが出土している。

（2）出土遺物の比較

Ⅱ期のC7竪穴とⅤ期のDF22竪穴の遺物の出土量を層位ごとに比較してみる。

図12のようにそれぞれの竪穴の土器の出土量を比較すると、圧倒的にC7が多く、DF22はその1/5程度である。遺物の出土状態について、床上遺物と堆積土中にわけて比較すると、床上はC7は土器が4点、石器が5点だけであ

I 縄文ムラと火　23

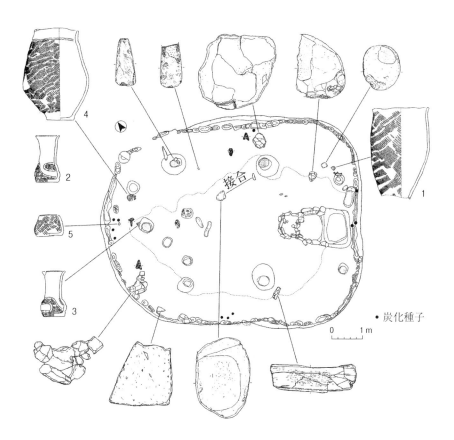

図11　御所野遺跡　DF22竪穴遺物の出土状況（一戸町教育委員会 2004）

る。土器の4点は埋設炉が1点（図9-1）、床面に伏せたキャリパー型土器（図9-2）と小型の土器（図9-3,4）だけである。石器は石鏃、石槍が1点ずつ、石皿と磨石が1点ずつある。それに対してDF22の遺物の大半は床上から出土している。図11のように土器5点のほか、石鏃、石錐、石匙、磨製石斧、敲磨類、石皿、さらに土製品、ミニュチュア土器などがある。そのほか炭化した種子が床上から出土している。土器のなかにはトックリ形土器（図11-2,3）、あるいは漆塗り土器（図11-4）、小型土器（図11-5）など特殊なもの

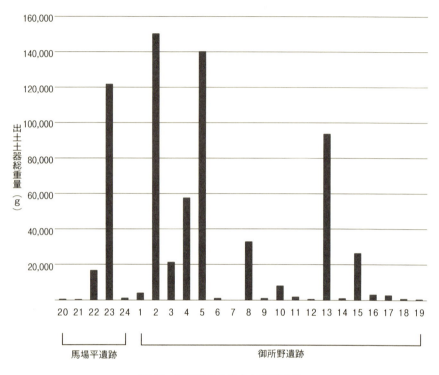

図12　焼失竪穴の出土土器総重量

が多く、石棒や立石などともに入口の反対側、竪穴の奥壁の周辺から出土している。そのほかの土器や石器は竪穴中央より入口側から出土している。

　埋土中から遺物が多く出土するのはC7である。火災時の崩落土（屋根土・周堤）と考えられるB層、D層、E層である。詳細に検討するとD・E層はⅡ群土器が大半であるのに対して、B層にはⅢ-1群土器も含まれている。土器・石器のほか焼けた獣骨、あるいは炭化したオニグルミやクリなども出土している。それに対してDF22の場合堆積土から出土する土器はいずれも同時期のものだけである。以上からDF22では竪穴の廃棄後、物が捨てられることはなかったと思われる。

　廃棄された竪穴内に多量の遺物が捨てられる例は、中期の円筒土器文化圏内

表3 焼失竪穴一覧表

No.	名称	規模（m）	面積（㎡）	壁高（m）	平面形	時期
1	HD158	3.64 × 2.95	7.30		楕円形	V期
2	GD64	10.80 × 7.70	50.00		卵形	IV期
3	GD66-02	4.89 × 5.10	17.30		砲弾形	V期
4	GF64-02	8.12 × 5.12	34.75		長方形	II期
5	GH68	12.0 × 7.0	66.00	96～100	長方形	II期
6	FB58-02	不明	不明	34～38	不明	不明
7	FC56-02	6.0 m（推定）	不明	47	不明	不明
8	FA50-01	10m 以上	不明	不明	不明	III～IV期
9	FB52-04	5.00 × 3.78	不明	27	楕円形	IV期
10	FC50-01	5.40 × 不明	不明	37	不明	III～IV期
11	DD18	5.20 × 不明	不明	1～37	隅丸方形	II期
12	DE18	7.02 × 7.70	32.51	4～38	不整五角形	IV期
13	DF14	12.04 × 7.18	65.06	57～98	長方形	II期
14	DE24	4.40 × 4.10	14.12	3～30	砲弾形	V期
15	DF22	8.40 × 6.80	46.91	0～70	砲弾形	V期
16	DH28	3.00 × 3.50	7.03	22～51	円形	V期
17	DG26	2.34 × 2.40	3.97	10～32	円形	V期
18	DI24	2.50 × 2.56	4.81	2～15	円形	V期
19	DD22	不明	不明		不明	V期
20	A4	2.80 × 2.65	6.53		隅丸正方形	I～II期
21	B2	3.60 × 3.45	9.64		円形	不明
22	C1	5.70 × 4.80	23.55		楕円形	III期
23	C7	12.80 × 6.60	76.91		長方形	II期
24	C13	(5.20) × (4.00)	17.02		楕円形	III期

では一般的な現象で、特に上層a式期のほか、上層d式から榎林式の時期にかけて多い。[7]

（3）家を焼く意味

　御所野遺跡のほかの焼けた竪穴についてもみてみよう。焼失した大型竪穴にはいずれも遺物が多く残されている。II期のDF14では堆積土の下層でII群土器、上層ではIV群土器がそれぞれ出土している。同じくII期のGH68は堆積土からII-2群からIII-1群の土器が出土している。III期のFA50-01は全体の1/4しか調査していないが土器がまとまって出土しているし、IV-1期のGD64も同じく大量の土器が出土している。やや竪穴の規模は小さくなるが、

Ⅱ期の GF64-02 も堆積土中から大量の土器が出土している。

　以上のように御所野遺跡のⅡ期～Ⅳ期までの焼失竪穴には、遺物が大量に捨てられている。その場合、御所野遺跡では大型の竪穴が選ばれる可能性が高い（図 12）。

　御所野遺跡ではⅤ期の焼失竪穴を 8 棟調査している。大型竪穴が 1 棟のほかはいずれも中・小型竪穴であるが、以上の 8 棟のなかで廃棄された竪穴に遺物を廃棄した痕跡はない。遺物はいずれも床上、あるいは床上近くの堆積土に混入した状態で出土しており、竪穴内で使用されていたか、あるいは焼く前に意図的に竪穴内に置かれていたものと考えられる。出土する土器はトックリ形など特殊な形態のものや器面に漆を塗布したものなどが含まれている。HD118、GD66-02 でも DF22 のような祭祀的な土器が出土している。つまりⅤ期では意図的に床上に祭祀的な遺物などを置いてから焼く場合もあるようである。

　以上のように、同じ焼失竪穴でもⅡ期～Ⅳ期とⅤ期では状況が大きく異なることがわかる。前者では大型竪穴を選択し、意図的に焼いてから廃棄の場としたものと思われる。ただこの場合でも、遺物を廃棄する凹地に炉が構築されたり、焼土が形成されている例もあることから、廃棄時に火を使った何らかの祭祀を行っている可能性が高い。そのように考えると、大型竪穴は廃棄の場であるとともに祭祀の場を創出するために意図的に焼かれたとも考えられる。

　Ⅴ期の焼失竪穴は規模に関係なく大型から中・小型まである。DF22 のように祭祀空間を設定し、炉の周辺など日常的な空間とは区別している可能性が高い。つまり焼失前に竪穴内の祭祀空間で何らかの儀礼を行ってから火をつけていると思われるが、焼失後に遺物を捨てるという行為は途絶えたのであろうか。

4. 焼かれた木の実

　御所野遺跡からは炭化した植物遺体が多く出土している。東側で 13 点、西側で 8 点出土した以外はいずれも中央部でトチノキ種子、クリ子葉、オニグル

ミ核、コナラ種子などで、稀にカシワが含まれている。このような植物種子は、焼けた竪穴からまとまって出土するが、焼失竪穴以外の埋土中に含まれている場合も多い。その場合圧倒的に多いのが中央部で、焼失竪穴を多く調査している西側は意外と少ない。そのほか一箇所で多量に出土する例もある。ひとつは掘立柱建物跡の柱穴で、もうひとつは竪穴の炉跡である。以上の種子は縄文人が意図的に燃やして炭化させたと考えられる。

（1）掘立柱建物の例

既述のように中央部の配石遺構の外側には掘立柱建物跡が分布する。その掘立柱建物の柱穴の中からまとまって出土している。

FC48 掘立柱建物跡（図13）

配石遺構の西側に位置する6本柱の東西棟の建物である。中心に近い東面の2基の柱穴から大量の炭化種子が出土している。各柱穴は1/2だけ調査し、残りはそのまま保存している。柱穴37からは484g出土している。トチノキ種子とその皮片が圧倒的に多く、それにオニグルミ核やクリ子葉がごく少量含まれる。柱穴45も同じく大半はトチノキで、オニグルミの核、クリ子葉が少量含まれる。柱穴37よりさらに多く772g出土している。以上の柱穴の種子はトチノキを主として、クルミとクリが少量含まれることで共通している。全掘していないが、明らかに意図的に柱穴に入れたものと考えられる。なお大半は柱痕から多く出土するが、柱痕外側の堆積土中に含まれているものもある。そのほか掘立柱建物跡や柱列、さらに単独の柱穴からも少量出土しているが、こちらは意図的に入れたものかどうかは明らかではない。

以上の掘立柱建物跡の柱穴は、いずれもⅢ～Ⅳ期の遺構より新しいことを確認しており、Ⅴ期と考えられるが、得られた年代測定結果もそれを裏付けている。

（2）竪穴の炉跡からの出土例

中央の配石遺構北側と盛土遺構にあるそれぞれの竪穴から大量に出土してい

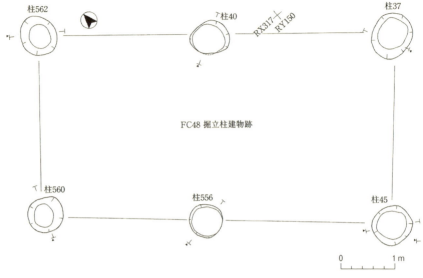

図13 掘立柱建物の柱穴出土種子（上）、2 柱穴45断面（下）（一戸町教育委員会 1993、一戸町教育委員会提供）

る。いずれも竪穴内の炉とまわりの床上からブロックで検出された。

FA52-05竪穴（図14）

　中央部の配石遺構北側の竪穴である。トレンチ調査のため一部しか調査していないが、調査範囲内で長さ98cm、幅78cmの台形を呈する大型の石囲炉を検出している。北側と西側の石が抜き取られているほか、炉の底面は床面より10cmほど低く、その面に焼土が形成されている。この炉のなかと周辺に植

物種子が多量に残っていた。大半はトチノキ種子で1298gを測るが、そのほかオニグルミ4点、クリ4点、コナラ3点、カシワ2点が含まれていた。竪穴の床面からⅤ群土器が出土しており、得られた年代測定結果もそれを裏づけている。

FJ46-01 竪穴建物跡（図15）

中央部南側の盛土遺構中で検出している。炉は石囲部と前庭部から構成される複式炉で、68×53cmの石囲部の底面に焼土が残っている。竪穴は盛土層中に構築された径3m程の

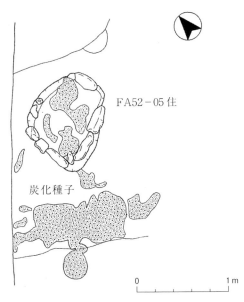

図14　F52-05竪穴の炉出土種子
（一戸町教育委員会 2006）

小型竪穴で、その2層下の炉のなかとその周辺2×1mの範囲に炭化した種実が残っていた。炭化種子の層は厚く、炉全体を覆っているが、この場で燃やしたのであろうか、炭化材もかなり含まれていた。種実は割れたものが多いが、炉の中から出土したものには完全なかたちのものもいくつか含まれていた。以上の炭化物の上には黄褐色ブロックを含む暗褐色土（1層）のほか、下層は黒褐色土で、なかに含まれる混入物で細分しているが（3～4層）、上の方ほど焼土粒、炭化物粒を含み、最下層には含まれていなかった。

以上の出土状況から、竪穴が廃棄された後、炉跡で意図的に種実を大量に燃やし、その上に土を被せて蒸し焼きにしたと考えられる。

大半はトチノキ種子であるが、それに少量オニグルミの核片とクリの子葉が含まれている。トチノキのなかには種皮のついたものもあることから、そのままの状態で焼かれたと考えられる。なお竪穴は北側1/2だけ調査し南側はそのまま現地で保存している。

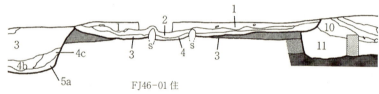

図15　FJ46-01竪穴の炉出土種子（一戸町教育委員会 2013）

炉の形態は掘り込みのある複式炉系列の炉で、Ⅳ期以降と考えられるが、年代測定ではそれより古い年代が得られている。部分的な調査でありやや不確実な面もあるので、今後さらに検討しなければならない。[10]

(3) 木の実を焼く祭祀

掘立柱建物跡の柱穴と竪穴建物跡の炉跡からまとまって出土した種子はいずれも意図的に焼かれたと考えられる。紹介した3例はいずれも中央部に位置するほか、焼かれた種子の種類は共通しており、トチノキ種子が圧倒的に多く、それにオニグルミ、クリが少量含まれている。FA50-05の炉から出土した種子にはこれにコナラとカシワが数点含まれる。

掘立柱建物の場合、柱を抜いた後の柱穴に炭化させた種子を入れたと考えられるが、竪穴の場合は炉の上で焼いたあと土を被せて炭化させたと考えられる。つまり、焼くこととそれを炭化させて残すことにも意味があったことになる。縄文人にとってこのような種子は貴重な食料源であり、種子を焼いて残すという行為は祭祀的な儀礼以外には考えられない。炭化させることにどんな意味があったのであろうか。さらなる再生でも祈願したのであろうか。

　掘立柱建物の柱に入れる、という行為も建物の性格を考える上で重要な示唆を与えてくれる。

　ところで炭化した種子の大半は中央部から出土しているが、前述のように一括出土したもの以外に各遺構の埋土中にも少量ではあるが含まれている。特に盛土遺構や配石遺構周辺の竪穴の埋土中に多いことから、周辺には今回紹介した例と同じ方法で焼かれた種子がかなりあったものと想定される。儀礼として焼かれた種子が竪穴の構築に伴い破壊され、埋土中に入り込んだと考えられる。今回竪穴の炉の上にそのまま残された大量の炭化種子は、たまたまその場に残った貴重な遺物だったのかもしれない。

5.　焼かれた骨

　近年縄文時代の遺跡において焼かれた獣骨の出土例が増えている。最も古いのは千葉県船橋市取掛西遺跡から出土した早期中頃の例で、竪穴建物跡の窪地からシカとイノシシの頭蓋骨が出土している。それ以降各時期の出土例が報告されているが、出土量とともに類例が増加するのは後期後半から晩期にかけてであり、北海道から九州まで日本の各地で出土している（西本 1983）。

　御所野遺跡からも多くの焼骨が出土している。哺乳類ではシカ・イノシシ・ツキノワグマ・イヌ？・クジラ類・キツネまたはタヌキ、魚類はコイ目のウグイ？そのほか鳥骨の破片も出土している。加工品であったと考えられているものはシカの骨やクジラでつくられたヘラで、同じ場所から小さな破片が8点出土している。以上の出土骨は大半が焼かれているが、圧倒的にシカ・イノシシ

が多い。いずれも1cmほどに割れて白色化している。鑑定した西本豊弘氏によると、焼いた後細かく砕きそれを散布した可能性があるという。つまり縄文時代に何らかの目的で動物の骨を焼いた後砕いて撒いた可能性もある、という。発掘調査の状況を説明しよう。

（1）焼骨の出土範囲

　焼骨は東側や西側からはほとんど出土していないため、出土範囲は中央部に限られている（図16）。既述のように中央部には配石遺構や盛土遺構などがあり、その周辺には掘立柱建物跡や竪穴建物跡などが密集し、集落の中心部でもあった。特に盛土遺構からは土器・石器など大量の遺物が出土するとともに焼土もいくつも検出され、意図的に焼かれたと考えられる植物種子も出土している。

　最も多く出土しているのは盛土遺構周辺（Ⅳ区）と配石遺構北側Ⅱa区（図17）であるが、いずれも周辺に焼土などが広範囲に分布している[11]。その次に多いのが配石遺構の東側で、竪穴建物が密集する場所でもある。意外なことに配石遺構周辺や墓壙などからはほとんど出土していない。

　以上のように焼骨の大半は現地性の焼土に含まれていたり、その周辺に散在した状態で出土しているが、なかには遺構の埋土からまとまって出土する例もある。盛土遺構の下で検出したGB44竪穴で、その凹地から出土している。

GB44竪穴建物跡（図18）

　3.04m×1.90mで検出面からの深さが44cmの小型の竪穴である。平面形態は角に張出をもつ不整形の竪穴である。中央に炉があるほか、中央やや西側で周溝を確認できることから竪穴は拡張したものと考えられる。堆積土は1から4層に区分されるが、上の1、2層中に炭化材や焼土とともに骨片がブロックとなって出土している。No.1とNo.2は堆積土中のブロック、No.3は白色骨片だけのブロック、No.4～No.6は焼土粒のブロックとそれぞれ様相が異なっている。竪穴から出土した焼骨の総量は149gであるが、層中にバラバラの状態で含まれているものが75％と圧倒的に多い。以上からこの焼骨は竪穴

I 縄文ムラと火　33

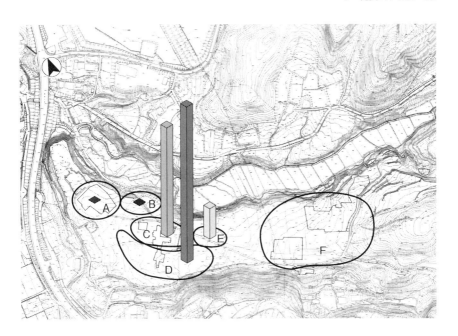

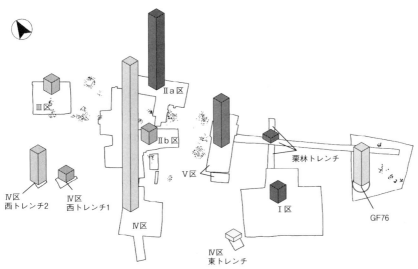

図16　御所野遺跡　骨重量出土状況(上：遺跡全体、下：中央部)(一戸町教育委員会 2016)

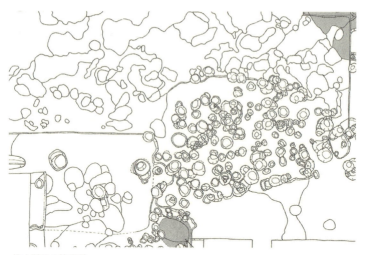

焼土周辺の柱穴群
(一戸町教育委員会 2016)

焼土(一戸町教育委員会提供)

焼かれた獣骨
(一戸町教育委員会提供)

図17　配石遺構北側Ⅱa区出土状況

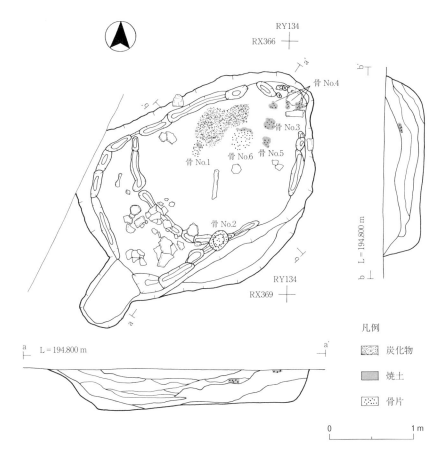

図18 御所野遺跡 GB44竪穴竪穴凹地の焼骨出土状況（一戸町教育委員会 1993）

の周辺で焼かれてから集中的に投げ込まれたものと考えられる。いずれも小片のため種と部位が識別できるものはほとんどないが、シカの末筋骨1点のほか、イノシシの上・下顎第3後臼歯片、そのほかトリの破片も含まれている。イノシシは成獣のほか若獣も含まれるという。

GF76

地面に掘られた径0.5mの小ピットのなかに収納された状態で出土してい

図19　シカの袋角（御所野遺跡出土）
（一戸町教育委員会提供）

る。破片も比較的大きく径3～4cmである。イノシシの側頭骨、シカの頸椎、中手骨片、さらに上腕骨などが含まれ、出土総量は480gである。図17のように中央部の骨が出土する範囲からやや離れており、しかも出土する焼骨もやや大きめの破片がまとまっている。

（2）骨を焼く儀礼

　御所野遺跡で焼骨の大半は中央部から出土している。なかでも配石遺構群の東西や南側の盛土遺構周辺に密集している竪穴の埋土に含まれている。最も集中しているのは、盛土遺構周辺と配石遺構群の北側である。いずれも石囲炉、あるいは現地性の焼土が分布しており、周辺で焼かれた可能性が高い。しかも配石遺構の北側にある焼土の近くには小規模な柱穴が密集している（図17）。このような焼土と柱穴群は、骨を焼く祭祀に関わる遺構と考えられ、墓域周辺で骨に関わる儀礼が行われたと考えられる。

　焼骨を調査した西本豊弘氏は袋角に注目している（図19）。シカの角は毎年生え変わることから再生を象徴するが、特に袋角は骨質がもろく、遺棄されると消滅しやすいので焼けなければ残らなかったものだという。つまり意図的に再生の意味を込めて焼いた可能性が高いという（西本 2016a）。

　このように御所野遺跡から出土する焼骨は、竪穴の凹地から出土するものと砕片となって遺構の堆積土中に混入しているものとがある。前者はGB44竪穴のように、焼土や炭化材などと一括出土しており量も多い。後者については、中央部のほぼ全域から出土するが、南側の盛土遺構中に構築された竪穴の堆積土と配石遺構北側から最も多く出土している。GB44竪穴からⅡ-2群土器が出土しており、骨片などはそれ以降、また北側の現地性焼土、柱穴群は下にあるⅡ期とⅤ期の竪穴群の上で検出されており、周辺の焼骨に関わる遺構群はい

ずれも御所野で最も新しい時期が想定される。

　焼骨の出土範囲が中央部に限定されて、しかも一定の場所に集中するとともにその周辺に骨片を含んだ焼土と柱穴群が分布している。以上から御所野遺跡中央部の配石遺構周辺では、骨を焼いて散布するという動物儀礼が行われたと考えられる。

6. 縄文人の火にまつわる祭祀

　御所野遺跡の火にまつわる遺構や遺物について整理してみた。炉跡は竪穴の形態や柱配置と密接な関係にあり、それぞれ一体となって時期ごとに変化していることが確認できた。

　御所野遺跡はもともと円筒土器文化圏内の遺跡であるが、南の大木土器文化圏からの影響を受けて徐々に竪穴の形態や柱配置が変化し、やがて東北一円から北陸方面まで影響を与えた複式炉へ統一されていく。その過程で竪穴の構造のなかで理解すればよりはっきりすることがわかった。従来、文化圏の消長は土器などの遺物からのみの解釈が多かったが、このよう遺構の情報も加えて検討すれば、より一層具体的に語ることができる。そのなかで炉は重要である。詳細な検討が進めば集団間の消長なども見えてくるのかもしれない。縄文人にとってもそれだけ炉は重要な施設だったと考えられる。

　縄文時代の中期後半になるとより一層祭祀的な色合いが強まる。それまで大型竪穴などの凹地を利用して集団ごとに行っていた祭祀的な廃棄行為も、新たに削平・盛土という大がかりな土木工事によってつくられた墓域や祭祀の場など、それまでの集団の枠を超えた共通の空間がつくられ、より一層祭祀的な行為が強まったものと考えられる。配石遺構や掘立柱建物群などはそのような流れのなかで新たにつくられた施設と考えられる。種子を焼く行為や骨を焼く行為もⅠ～Ⅲ期の馬場平とそれ以降の御所野を比較すれば一目瞭然で、中期後半に出現し中期末以降で最も盛行する。このような祭祀的な色彩が徐々に強まるとともに御所野遺跡のような拠点集落は解体し、分散する。やがて分散した集

落を束ねる精神的な施設として大規模環状列石が出現する。

註
（1）特に2015（平成27）年度作成した総括報告書のなかで具体的に整理できたことが大きい。また2009（平成21）年度からはじめた御所野遺跡嘱託研究員制度の研究成果も遺跡を理解する上で役立っている。
（2）各地区にはいずれも遺構が密集していることは確認しているが、未調査の部分が多く、各遺構の関係もほとんど不明である。したがってここで表現している「ムラ」はそれぞれの地区の遺構群のまとまりを示しているだけであり、それ以上の意味はない。
（3）馬場平遺跡は道路建設に伴う調査のため完掘している。調査した竪穴は37棟であるが、建て替え、あるいは拡張などを確認しているものも多く、40数棟の建物があったことは確実である。
（4）複式炉は東北地方北部から北陸の一部まで広範囲に分布するが、特に東北地方北部では石囲炉に掘り込みを伴う独特の炉がつくられ、「複式炉系列の炉」、あるいは「前庭部付石囲炉」「澤部型複式炉」などと呼ばれている。
（5）縄文時代の大型竪穴は前期末から中期はじめにかけて特に大型化する。特に一定の幅で長くなるロングハウス型の竪穴は規模が大きく、中期中葉以降形態が楕円形、卵形、円形と変化するとともに、長軸方向が短くなり規模が縮小する。御所野遺跡ではⅠ・Ⅱ期が最も規模が大きく、Ⅲ期以降徐々に規模が縮小する（図3）。
（6）東北北部のうち岩手・秋田県北部から道南部にかけての地域では、縄文時代だけでなくその後の弥生、古代の時期でも焼失した竪穴が多く、良好な資料が得られている。
（7）永瀬によると大木式土器文化圏でも多いことから、円筒土器圏内での竪穴廃棄は大木土器文化圏からの影響と考えられている（永瀬2014）。なお榎林式土器は、おおよそ大木8b式土器と並行する東北北部において設定されて土器型式である。
（8）東側調査区のHB120竪穴からは廃棄された竪穴の凹みから焼土・炭化材とともに土器、石器が大量に出土しているが、そのなかにも炭化種子が含まれており、祭祀的な儀礼が行われたものと考えられる。
（9）掘立柱建物に伴う柱穴には堆積土中に炭化した種子が含まれる場合がある。特に中央部では重複する竪穴の堆積土にも多く含まれ、必ずしもその場で炭化したとは考えられないものも多い。したがって出土した種子から年代測定をする場合は、意図的に入れられた場合と偶然入り込む場合もある。厳密に区別しないと間違った測定結果が得られる。特に長期間同一場所で連綿と遺構が構築される場合は古い年代が出る。

(10) 得られた年代測定は 4200 ± 30BP となっており、トチノキ種子の年代測定としては最も古い値となる。土器が出土していないため判断はできないが、複式炉系列の炉とすれば最も古い例となる。
(11) 配石遺構北側の東部で土器片とともに、焼土粒・骨片を含む盛土層が分布している。そのなかで骨片を含む現地性焼土が分布し、同じ面で柱穴群を検出している。柱穴群のなかには比較的規模が大きく、掘立柱建物となるものも含まれているが、大半は径 10 cm 程の小規模な柱穴群である。以上の柱穴群もその分布から骨片を含む焼土に関連する遺構と考えられる。

参考文献

阿部昭典 2011「前庭部付石組炉の出現と機能・用途に関する検討」『平成 21 年度一戸町文化財年報』一戸町教育委員会。

岡村道雄編 2008『日本各地・各時代の焼失竪穴建物跡』奈良文化財研究所。

高田和徳 1997「御所野遺跡の考古学的な集落分析」『人類誌集報 1997』東京都立大学考古学報告 2、東京都立大学人文学部史学科考古学研究室。

高田和徳 2008「岩手県北部における縄文中期末の集落の変容について」『環境文化史研究 1』環境文化史研究会。

高田和徳・西山和宏・浅川滋男 1998「縄文時代の土屋根住居の復原（一）」『月刊文化財』417、第一法規出版。

辻　圭子 2016「(7) 植物遺体群（種実類および木材）」『御所野遺跡Ⅴ―総括報告書―』一戸町教育委員会。

永瀬史人 2014「北東北における円筒土器文化の変容過程に関する考古学的研究」『特別史跡三内丸山遺跡　年報 18』青森県教育委員会。

西本豊弘 1983「縄文時代の動物と儀礼」『歴史公論 94』雄山閣。

西本豊弘 2016a「骨を焼く儀礼」『平成 27 年度御所野遺跡調査成果発表会発表資料』一戸町教育委員会。

西本豊弘 2016b「(6) 御所野遺跡の動物遺体の問題」『御所野遺跡Ⅴ―総括報告書―』一戸町教育委員会。

三浦謙一・高橋文夫ほか 1978「都南村湯沢遺跡」『岩手県埋文センター文化財調査報告書』。

関連報告書

・一戸町教育委員会 1983『一戸バイパス関係埋蔵文化財調査報告書Ⅲ』建設省岩手工事事務所。

・一戸町教育委員会 1993『御所野遺跡Ⅰ―縄文時代中期の大集落跡―』。

・一戸町教育委員会 2004『御所野遺跡Ⅱ』。

・一戸町教育委員会 2006『御所野遺跡Ⅲ』。
・一戸町教育委員会 2013『御所野遺跡Ⅳ』。
・一戸町教育委員会 2016『御所野遺跡Ⅴ―総括報告書―』。

II アイヌのくらしと火
―土の住居と家を焼く送り儀礼―

百瀬　響

　御所野遺跡には、屋根を土で覆った竪穴住居を、人為的に焼失させたと考えられる痕跡が発見されている。アイヌ文化の中にも、家を土で覆う家が千島・樺太アイヌ文化でみられたほか、「カシオマンテ」という人為的に家を焼いて、「死者に家を送る」風習があった。

　本章では、かつてアイヌ文化にみられた、これら土の家および家の自焼の風習を紹介するとともに、家を焼く行為がなされる理由を、主にアイヌ自らが説明した報告、すなわち当該集団自らの考え方――いわゆる emic の視点――に基づいて紹介する。さらに、その考え方の前提となる「送り儀礼」の概念を中心に、より etic な視点から、アイヌの他界観ないし異界観（以下、世界観と記す）を考察していく。

　なお本章では、民族呼称として「アイヌ」を用い、対置概念としての「アイヌ以外の日本人」については、「和人」を使用する。アイヌ語を示す場合は、原則としてカナ書きで記した。また、引用文については、第二次世界大戦以前に記された著作・資料が含まれていることから、現在では不適切とされる語が使用されている場合があるが、時代的な限界や歴史資料であることを鑑み、語句の訂正は避け、そのまま用いている。

1. 樺太・千島アイヌの土の家

　樺太（サハリン）や千島（クリル）諸島のアイヌに、近代までみられたという冬期間の住居は、「トイチセ」と呼ばれる。本章では、樺太アイヌの事例を

紹介するが、『アイヌ民族誌』上の記述では、「穴居」と称して、家の構造を次のように説明している（アイヌ文化保存対策協議会編 1970a：p.195、以下、『民族誌』上と記す）。

　　まず小高い乾燥地を選んで広さ五～六ｍ四方、深さ一～一.五ｍ位の穴を掘り、中央に一本約三ｍの柱を立てるか、中央二～三ｍ四方の他の四方に二ｍ内外の柱（トント）を四本立て、その頂上に梁と桁をのせる。その柱もしくは梁、桁に穴の周囲から垂木（ポーケ）を寄せかけて立てる。そして上を結合すると四注屋根ができる。（中略）その屋根を草で覆い、その上に〇.五ｍ位の厚さに、掘り上げた土をかぶせる。丁度外形は土饅頭のような形になる。その中央に炉を設け、一方に入口を造り、外には簾を下げて戸とし、梯子で出入する。入口を除いて三方に草を重ね、さらに蓙を敷き、もしくはセツ（寝台：筆者注）を設けて坐ったり寝たりする所にする。さらにその後の壁には物を置く棚などが設けられる。

　　さらに入口に、セム（入口の外側に作られる張り出し部分：筆者注）に相当する前小屋をつけることがある。これは地上に突出して造り、樹皮をもって覆い、さらにその上に土をのせる場合が多かった。（中略）このセムに相当する前小屋をウサントと呼び、出入口にも物置にもなった。なお南側の屋根に幅一ｍ位の窓穴をあけ、光線をとり、煙出しにもする。木で編んだ簾様のものをつけ、雨よけにする。[6]

　図１は、樺太アイヌの住居であるが、近代まで用いられていたトイチセでは、カマドと炉の双方が設けられていたようである。御所野遺跡の竪穴住居では、カマドはなく炉は１つであったが、比較の意味でも、以下でさらに引用する（『民族誌』上：p.195、なお一部のルビを省略している）。

　　（略）入口から入ると、梯子の右側に粘土で竈が築かれていて炊事用にあてられる。竈の上には煙突が立てられた。煙突は竈の上部の側壁に細い溝を掘り、細い枯草の束に二～三cmくらいに粘土を塗ったものを埋め、竈を築いて火をたくと、中の枯草の束は燃えて中空になり竈の火力で粘土が土管に焼成され、煙突となるのである。この竈は炊事用で、炉は中央に

II アイヌのくらしと火 43

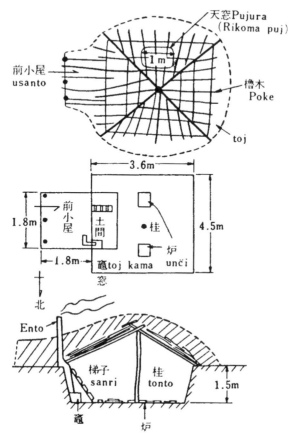

図1　樺太（白浜）のトイチセ（『アイヌ民族誌』上：p.194）

ある。柱が一本中央に立つ場合は、炉は左右二カ所に分かれる。（中略）
　炉だけで寒い時は各所に凹んだ石に竈や炉のおきを入れて置いた。
　このように、竪穴に屋根をかけ、その上に土をかぶせ、炊事用のカマドと炉で暖をとり、さらに、おき（燠）を屋内の各所に置くことで寒さをしのいだようである。また、柱の位置に基づいて、炉が１つあるいは２つ作られた。図２は、鳥居龍蔵による内路（ナイロ）に残存していたトイチセのスケッチである。炉の上部がどのように利用されていたか、さらには屋内にイナウ（木幣）

図2　炉の上部と木幣
（馬場 1979：p.188）

が立てられていた状況がわかる（馬場 1979：p.188）。

さて、一度建てられた家は、無人となる夏期にはネズミの害を受ける等するため、毎冬の修復が必要となり、家の寿命は「精々よいところで、七、八年からよくもって十年位のもので、此時期になると大修繕を施すか」新築したが（馬場 1979：p.197）、滞住期間が長くなるにつれて土屋根が「余計に壊れる」ので、家屋後方に掘られた円錐形の穴「土井」から、土屋根に用いる土を取り出したという（馬場 1979：p.184）[7]。

この冬の家は、寒冷な地における「冬籠りの小舎」として[8]（馬場 1979：184）、11月末から翌年の4月下旬頃まで用いられたが（馬場 1979：p.188）、「彼等にとっても、はなはだ不健康な生活であった」といい、この住居から夏の家への移動は、病気にならないためにも、雪解け前に移るべきであると考えられていたようである（馬場 1979：p.197）。

実際に、樺太アイヌがトイチセを廃するようになったのも、病気が原因であった。馬場はその状況を、次のように伝えている。1905（明治38）年1月、最後まで土の家を用いていた「西タライカの森林中にあった東タライカアイヌのトイチセに、非常に悪性な流行性感冒が襲い、（中略）終に日ならずして、部落民の半数六十余名を斃すにいたり、彼等は悪神の来襲と思い、附近の部落へ逃避した」（馬場 1979：p.197）。この際は、短期間であまりに多くの死者が出たため、遺体を埋葬することができず、ゴザにくるんで壁側の土をかぶせ屋内に置いてきたほどであったが、この事件以降、樺太でトイチセが用いられることはなくなった。

この例でも示されているように、樺太アイヌの文化では、死者が出た場合に

は家を放置して他所へ移住した。次項で示す北海道アイヌのような葬儀後に家を焼く風習は、一般的な葬儀の場合ではなく、樺太では変死者の葬儀の場合に「昔は焼却する習慣だつた」という報告がみられる(9)(葛西 1997：p.435)。

2．北海道アイヌの家を焼く風習

北海道アイヌによる家を焼く風習は、死者に対して「あの世で住むための家を送る」目的で行われたものとされている。この世のものをあの世へ「送る」という送り儀礼の考え方については、次項で述べるが、まずはこの家を焼く風習とそのヴァリエーションを紹介する(10)。

（1）名称と目的

家を焼く風習は、アイヌ語で「カシオマンテ」あるいは「チセウフイカ」と称される。概要を述べると、それは、「死者の住んでいた家を焼き払い、後に残った家族は、その付近に新たに家を建てるか、他に移転して新居を作る」風習ということになる（アイヌ文化保存対策協議会編 1970b：p.527、以下『アイヌ民族誌』下と記す）。この風習は、江戸時代の文献にもたびたび報告されてきた（図3）。しかしながら内容は同一ではなく、家の焼き方や対象となる個人、さらにその方法等にも、「地方差」等と記されてきた、さまざまなヴァリエーションがみられる。

この風習が行われる理由については従来二つの説明が示されている。一つは「死霊を焼きはらう意味があるといわれている」というもので、もう一つは、前述したように、（アイヌが）「死者が先祖の国にいってから住む家を送りとどけるのだとも思っている」と説明されてきた（藤本 1971：p.68）。

（2）対象

従来の報告をまとめると、対象となる故人については、①女性のみ、②男性のみ、③男女双方の場合がある。以下、各事例で地域が重複している場合に

図3　『蝦夷島奇観』におけるカシオマンテ（北海道立図書館所蔵）

は、筆者が下線を付して示した。

　まず、①については、老女が亡くなった時のみ（沙流・鵡川）、あるいは老女・主婦（沙流・鵡川・釧路・春取・白糠など）と記されている（『民族誌』下：pp.527-528）。

　②については、老人が死んだ時のみ（十勝白人・釧路虹別）（『民族誌』下：p.528）、③については、寡夫・寡婦（釧路虹別・北見美幌）の場合（『民族誌』下：p.529）、あるいは「夫婦のうち、先に死んだもののとき」、さらに「一度、火災にあって家が焼けたことのある人」の場合には、カシオマンテは行わない例もあったという(11)（藤本 1971：p.69）。

　さて、下線部分をみるとわかるように、対象となる故人に関して、同一地方内でも複数の考え方が並存していたと考えられ、その差異を「地方差」とのみ判断するには、難しい側面がある(12)。

　①～③の説明としては、既述した「あの世で不自由させないように」、家を「死者に持たせてやる」という理由に加えて（藤本 1971：p.69）、①女性は家

を作れないから、女性が死んだ時にのみ焼く、②では、①と同じく、老人は家を作ることができないから、という理由づけがあるほか、「家はエカシ・コロペ（父祖の所有物）だから」男性のみに持たせる等が報告されている（『民族誌』下：p.528）。

（3）焼却する家の種類と副葬品の扱い

　家を焼く際には、①故人が居住していた家を焼く場合と、②別途に仮小屋を作る場合があった。とくに②では、aそのための小屋を建てて——誰も居住することなく——焼く事例と、b「寡夫・寡婦いずれも、老人になって、余命いくばくもない頃になると、小屋を建てて別居させ、死んだ後、その家を焼く」（釧路虹別・北見美幌）、すなわち死に際して短期間、対象者を居住させる例があった（『民族誌』下：p.529）。ちなみに、居住の有無としてはaに分類されるであろうが、「小さい家をこしらえ、中で、形式的に煮物をしてから焼却」する場合もあったという(13)（十勝高島）（『民族誌』下：p.529）。

　次に、副葬品の扱いについてであるが、①の場合には、遺族の生活に必要な用具を取り出した後、故人の副葬品とともに焼いたが、②の例では、「日常の什器や布団など、故人が愛用していたもので、墓に埋葬しなかった家具が、ふだん生活していた状態に配置」された後、点火したという記述もみられる（藤本 1971：p.69）。

（4）近代以降の禁止と変容

　近世においても、蝦夷地が幕領地となった際には、家を焼く風習が禁止されることがあった。近代では、まず1871（明治4）年1月8日のアイヌ住民への布達の中で、この風習が禁止された(14)。この禁止は、「開墾致候土人ヘハ居家農具等被下候ニ付是迄ノ如ク死亡ノ者有之候共居家ヲ自焼シ他ニ転住等ノ儀堅可相禁事」という一文で示されているように、開墾を希望するアイヌに対し、住居や農具を付与するので、死者が出た際に住居を焼いたり転住したりする行為を禁じるというものであった（大蔵省編 1885：p.448）。

表1 家を焼く風習にみられるヴァリエーション

対象	女性のみ	老女のみ／主婦・老女
	男性のみ	老人のみ／家の主人・老人
	男女	寡婦・寡夫／夫婦のうち、先に死亡した者
家	居家	故人の住んでいた住居
	仮小屋	（死の直前に建設）短期間居住／居住しない
副葬品	故人所有物	什器、布団、家具（墓に副葬しない物等）

　故人の住んでいた家を焼く風習は、この禁止令以降も、各地で行われていたが、『アイヌ民族誌』では、「明治三十五-四十（一九〇二-一九〇七）年頃を境として、段々無くなっていったようで、現在ではほとんど廃絶したといってよい」と報告されている（『民族誌』下：p.529）。ちなみに、同書の発行は1970年であることから、ここでの「現在」とは、おおよそ1960～70年頃と解釈してよいであろう。

　一方、仮小屋を焼く形式は、「今なお行っているところも少なくない」、あるいは「老翁や老媼を別居させて、老衰して死ぬと、後で、その家をほぐして、野原などで焼いてしまうことは、今でも行なう所がある」と記されており（『民族誌』下：p.529）、1970年頃の時期には、形を変えながら、仮小屋形式の家焼きの風習が残っていたと考えられる。

　ちなみに、筆者による1990年代前半の旭川調査では（百瀬 1993）、旭川市内の宅地化が進んだため、たき火を家の周囲ですることは難しくなっていたこともあり、（女性の）葬儀後、故人の愛用した衣類等にハサミを入れて破損した上で、付近の河原で焼くなどの行為が、一部の女性によって行われていた。その理由については、「衣類を故人に送る」と説明を受けたが、これもカシオマンテにおいて「副葬品」をあの世に送る行為が、変形して続けられたと解釈することもできるであろう（百瀬 2008b：p.26）。

　以上、アイヌの家を焼く風習と近代以降の変化の概要を記した。しかしその

方法については、各地方、あるいは同一地方にもさまざまなヴァリエーションがみられることから、それらを表1にまとめて示した。

3. アイヌ家屋と炉の女神「アペフチカムイ」

　伝統的なアイヌ家屋は、カヤやササで葺かれた長方形の一部屋（入口に「前小屋」が附属しているものが多い）からなり、中央に炉が切られた(15)（図4・5）。
　家屋は柱などの基材として、ハシドイ、クリ、カシワ、カツラ、ヤチダモ等が、壁材としては上述したように、カヤやササ等が用いられた。木材を結合するのには、釘は使用せず、ヤマブドウ、コクワ、ツルウメモドキの蔓、スゲあるいはシナノキの樹皮を裂いて乾燥させたものを利用した（『民族誌』上：pp.184-185）。
　漁狩猟採集を生業としたアイヌは、集落（コタン）を主として川筋等に形成したが、一集落内の家屋は、ほぼ同じ方向を向いて建設された。多くは東方向に、「神々が出入りする」神窓（ロルンプヤラ）を作り、その窓に対面して屋外の祭壇ヌササンが設けられた。
　炉（アペオイ）は、屋内の中央に切られ、割木で作った炉縁を置いた(16)。炉は火の女神（アペフチカムイ）の住処であるとされ(17)、火の神に捧げられる木幣（イナウ）は、上座（神窓側）に立てられる（図6）。
　この火の女神は、しばしば単に「アペフチ」、あるいは、「火の媼神」等と記されるが（アイヌ語でフチは祖母や老女を意味する）、食物・生活・信仰をつかさどる、人間に最も近しい「養い神」として、子どもや出産をつかさどり、悪い霊から人を守る、重要な神でもあったという。また、神々へあるいは祖先への祈りや供物を伝えると考えられ、祭祀の最初と最後には、この神へ祈りを捧げて報告した。
　炉の管理は主婦の仕事とされ、毎夜おき（熾）に灰をかけて女神を「眠らせ」、朝までそのおき火を保つ必要があった。この火が消えることは、かつては「離婚の原因にもなりえた」ほどであったという（Munro 2014：p.58）。

図4　2005年復元のアイヌ家屋。右手前にみえるのは倉庫。(旭川)

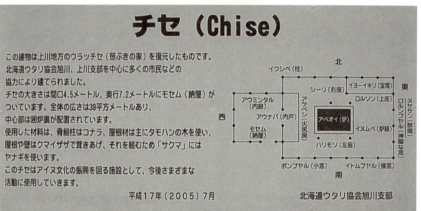

図5　復元住居前に掲げられた解説。(図4左端の看板の拡大)

図6　図4の屋内の炉。炉の奥左右に火の神に捧げられたイナウがみえる。(2006年撮影)

4. アイヌの世界観と送り儀礼

　前項まで、主に、家を焼く風習が行われる理由を、アイヌ文化の担い手による（emic な）説明に基づいて記した。では、なぜ「家を焼く行為」が、「故人が死後に住む家」を「あの世」に送ることにつながるのか。「送り儀礼」を理解する上でも、その理由を、まずはアイヌの世界観から記すこととする。

（1）世界観

　アイヌの信仰形態は、人間だけではなく、動植物や器物あるいは火や風、台風などの自然現象に至るまで、「万物に魂が宿る」と考えるアニミズムとされる。神（カムイ）には、太陽や水、火をはじめ、食料となる動植物など、さまざまなものがある。このうち、人間に有用なものが「善神」、有害なものが「悪神」となり、どちらも人への影響の多寡が、神々の軽重にも関係する。なかでも人間に多くの食物や毛皮を供給するクマは、最も「位の高い」神の一柱とされている。

　彼らの世界観では、神は（数層に分かれた）天（リクンカント）に住むとされており、そこでは神々は人間の姿をしている。例えば動物神であれば、天界から人間の住む現世（アイヌモシㇼ）に、動物の姿――山の神（キムンカムイ）がクマ、沖の神（レプンカムイ）がシャチ等――の仮装（ハヨクペ）をして、人に食料を与えるためにやってくるという。後述するように、神々は天とこの世の間を、何度も往復する存在としてみなされている。

　一方で、人間は通常はカムイにはならず、死後はこの世の地下にある「下の国」（ポクナモシㇼ）に旅立つという。この下の国は、地面を起点に逆さまに位置し、時間や季節もこの世とは反対となっている。その世界で、死者は生前と同じ生活をするが、そこで暮らすための家を「送る」のが、既述したカシオマンテである[18]（図7）。ちなみにアイヌ文化では死霊への忌避観が強いとされ、神のようにこの世とあの世を往復することは、期待されない。

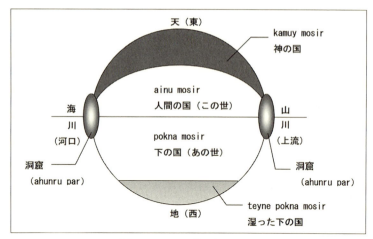

図7　アイヌの他界観モデル
（百瀬 1994：p.74 を訂正。横軸はとくに南北を表していない）

（2）送り儀礼

イオマンテ（イヨマンテ）は、アイヌ文化の中では、おそらくは最も知られている儀礼であろう。クマ神をまつる儀礼の中では、とくに、冬期の穴クマ猟で捕らえた子グマを、一定期間集落で育てた後、儀礼を催して殺すもので、この「仔グマ飼育型クマ送り」の儀礼からアイヌ文化の特徴を示す「クマ祭文化複合体」説も提出されている（渡部 1972）。

しかし、イオマンテは、実際にはクマ以外をも対象とする儀礼である。本章では、1935年に「貝塚＝送り場」説を提唱した河野広道による、イオマンテの説明を紹介する（河野 1971：pp.234-235）。

　　如何なる食物と雖もカムイが形を変えてアイヌに食べられにやって来たものであるから、食べる時にはまず神に感謝し、食べた残りや不要の部分は決して粗末にせず、丁重に神の国に送ってやる。取扱を丁重にして、送ってやれば、神は再びそのアイヌに食べられにやって来るのである。例えばキムンカムイなら、熊の形をして、あの温い毛皮と、その内に包まれたあの美味しい血と肉とを土産に持ってアイヌの所にやって来る。アイヌ

はだからその皮を剥いで着、血をすすり、肉を食べ、骨髄に舌鼓を打ち、その代り頭骨をヌシャサン（ヌササン、祭壇の意：筆者注）に飾り、イナウを立て、酒やご馳走をそなえ、その他の土産物を数多く持たせて熊の霊即ちカムイを天国に送り返すのである。そうすると、カムイは天国に行って多くの神々にアイヌの所で歓待されたことを自慢し、それを聞いた神々は、そのアイヌの所へやって来る、従ってカムイを丁重に送るアイヌには猟が多いと考えている。だから熊のみに限らず総て食用に供する鳥獣魚類はイナウをたてて送るのである。この送りの儀礼がイオマンテである。

　送り儀礼の対象は、上記の「鳥獣魚類」以外にも、植物、あるいは器具、什器などさまざまであるが、先に述べた家を焼く風習であるカシオマンテにも、この考え方が適用されている。

　以下、冒頭で紹介した etic の観点から記すとするならば、まず、イオマンテは、神を天界に返す儀礼を行うことによって、より多くの豊猟を願う、「豊穣儀礼」ないし「強化儀礼」の側面をもっている。

　また、アイヌ語で「オマン」は「送る」を意味する語であるが、実際の行為からみれば、クマを対象とするイオマンテ（クマ送り儀礼／クマ祭）では、人がクマを殺す儀礼的行為を伴う[19]。すなわちクマを殺すことが、神の国にその霊を「送る」ことにつながる。換言すれば、この世から神の国への移行が、クマが死ぬことによって果たされるという認識（世界観）に基づいてなされる儀礼でもある。

　文化人類学におけるこの行為の説明原理としては、前述の「アニミズム」ほか、「類感呪術」の概念が初期の文化人類学で提唱されている。以下、これら2つの概念を簡潔に記す。

5. モノの人為的破損に関する説明原理

　19世紀から20世紀初頭の文化人類学では、研究対象の一つであった「原始文化」や「未開社会」の心性に関し、その当時「未開」とみなされた集団の文

化研究成果を用いて——研究者が属する（過去の）文化も含めた——異なる文化へ援用する手法が取られた。その一つに、土偶や一部の土器の人為的破壊行為がある。このような人為的破損が世界中にみられる理由を、当時の研究者たちは、その背景にある世界観の類似性にもとめた。

　E.B.タイラーは、アニミズムを提唱し、死を身体からの生命原理（魂）の分離であるという解釈が、人、動植物さらには無生物に援用されるとした[20]。例えば、身体（や器）の中にある霊を、殺す（壊す）ことで分離して「自由にする」行為—— etic な説明原理——について、大著『未開文化』の「アニミズム」の項（とくに第1巻第11章）では、副葬品や供儀が破壊もしくは殺害されたり、燃やされたりする古今東西の事例を多数示し、その理由を「死後の生活に供するため」であるとの emic な見解を記している（Tylor 1889：pp.481-496 など）。

　一方、J.フレーザーは、進化主義的立場から、（キリスト教などの）宗教に先行するものとして、呪術を、霊的（超自然的）存在を統御しようとする「疑似科学」ととらえ、これを2種類に分類した[21]。「模倣の原理」を用いた類感呪術（模倣呪術ともいう）と「本体に接触していたものは、離れたあともその本体に影響を及ぼしうる」と考える感染呪術（接触呪術ともいう）である。

　「模倣の原理」に基づく類感呪術とは、ある現象と類似の行為を行うことによって、現実に影響を及ぼすことができる、という考えに基づく。例えば、日本の藁人形の呪術を例にあげれば、呪う相手に接触していたものを入れて人形を作り（感染呪術）、釘を打ち込んで傷つけることにより——何らかの超自然的理由から——、相手に危害を及ぼしうる（類感呪術）というように、双方の要素が複合的にみられることが多い。

　この類感呪術の考え方に基づいて説明するならば、送り儀礼は、死を再現することによって、霊を異界に移行させる儀礼と解釈することが可能であろう。動物が死ぬと「魂が体の外に出る」ならば、「魂を外に出す」ためには、動物を殺す必要がある。このような呪術上の「操作」を経て、イオマンテの場合は、魂を外に出すのに加え、「他界／異界」へ移行するまでに関与することに

図8　『蝦夷嶋図説』における「糠塚」。糠や食べられない野菜、壊れた臼・椀などが祀られている。(函館市中央図書館提供)

なる。

　このような「積極的な」人為的破壊行為を伴う場合ばかりではなく、アイヌの送り儀礼では、ほかにも、不要の物・壊れた物、不要な部分（例えば糠等）を、祭壇の一部（主な神の祭壇以外の場所）に、まとめて「送る」（置いておく）というような、「消極的」な儀礼も、報告されている（図8）。

　以上、家を焼く風習カシオマンテを理解するために、アイヌの送り儀礼の背景にある世界観とその説明原理を紹介した。アイヌ文化にみられる送り儀礼を、日本国内の遺跡の「解釈」に利用した例では、既述したように、河野広道によって1935年に提唱された「貝塚＝送り場」説が知られている。

　最後に当該文化に所属する人々による説明を再度紹介することによって、アイヌ文化の送り儀礼に関わる観念を確認したいと思う。これは、米村喜男衛が1936年にモヨロ（網走）のアイヌ古老からの聞き取りとして記した一文である（米村　1981：pp.265-266）。

貝殻の一片でも粗末にしておくと、その貝がもし海や川に入った時、貝は彼等の仲間にアイヌに身を喰われるから早く逃げろというので、それを聞いた仲間の貝達は、一夜のうちに全部何処かへ逃げてしまい、アイヌが実際に食物に困ったことがあった。だから、すべて鄭重に送り場にまとめておいて、酒宴などの時には先ず第一にお酒を捧げる（後略）。

　本章では、土で覆われた竪穴住居と火で家を焼く風習をもっていたアイヌ文化を紹介した。家を火で焼くことが、あの世で故人が住む家を「送る」という考えに基づくことから、アイヌの送り儀礼を説明し、さらには初期の文化人類学で提唱された概念を用いて、分析的な視点を提示した。第二次世界大戦以前の聞き取り資料には、これらの儀礼の観念とそれに伴う行動が「生きて」いる。現在ではあまり利用されているとはいえないアイヌ研究の古い記録の中には、今後の縄文文化研究に資する可能性もあるかもしれない。そのような考えから、資料についても、本章では1970年代までに出版された資料を中心に紹介している。

註
（1）米国の構造言語学者K.L.Pikeにより、1950年代に提唱された概念。emic（エミック、イーミックともいう）は個別文化の研究を目的に、当該文化の内部に用いられている説明原理を採用するものであり、一方etic（エティック）は、前者の対立概念として、当該文化の外部の視点から、論理的に適合しうる概念・用語により分析する立場・手法を意味する（Pike 1999（初出1954））。
（2）区別上、「他界」は人間にとっての「あの世」を意味し、「異界観」は人間以外のもの（カミ・動物・器具ほか）の在り方を指す。本章では、双方の包括的概念として、「世界観（cosmology）」の語を用いている。
（3）民族呼称については、「アイヌの人々」「アイヌ民族」等の呼称も、現在、一般に用いられている。「アイヌ」が他の先住民言語と同様、「男」を意味する、本来差別的意味あいのない名称であること——女性に対する、という点では全くないとは断言できないかもしれないが——、また「アイヌ民族」の対置概念が、「日本民族」あるいは「大和民族」になりうる等の理由から、筆者は「アイヌ」を民族呼称として用いている。この点に関しては、拙著（百瀬 2008：pp.146-148（初出1996））に詳しく記しているので、そちらを参照されたい。また、樺太アイヌの自称では「エンチウ」があるが、本章では便宜上、「アイヌ」に統一して記す。エンチウの語に

ついては、例えば辞書では、『アイヌ語方言辞典』の「人間：ひと」の樺太方言（服部編 1964：p.34）および『アイヌ・英・和辞典』を参照されたい。ただし後者については、日本語で「アイヌ人ノ総称」、英語で「人（特にアイヌ男性）。祈祷や朗唱する物語中でのみ用いられる」と記されている（バチラー 1995：p.117）。
（4）夏の家は、サワチセと呼ばれ、4月から11月頃まで住んだという。
（5）猟の道具や食料を置いたり、大きなトイチセでは、ウサントに熊の檻が置かれたりする場合もあった（馬場 1979：p.196）。葛西によれば、ウサントは「屋根も外側も、蝦夷松（スンクー）ないし椴松（ヤエフ）の枝葉と乾燥で覆ひ、屋上には丸太を乗せ、外側にも丸太を立て廻して乾草の飛散を防ぐのであって」、土では覆わなかったとある（葛西 1997：p.485）。
（6）具体的な記述としては、「ゴザか蝦夷松の葉であんだモヤを窓の上に覆って蓋」として、夜間や風雪の激しい際には防いだ（馬場 1979：p.195）。加えて、「室内の温気の調節にも役立つ」空窓（プイ）には、「筵又は板に縄をつけて室内から開閉自在」としたという。さらに風や雪が吹き込まないよう、ウサントを「外界との出入口には乾燥した草で厚く編んだ菰の様なものを二枚喰い違いに吊り下げ其の中央を押し分けて出入りする」と記されている（葛西 1997：p.485）。
（7）p.184 からの引用部分は、B. ピウスツキ「樺太における先住民」の鳥居龍蔵による訳出を、馬場が引用した記述である。
（8）屋外の気温が零下 20～30 度であっても、暖かく薄着でも寒くないほどで、垂木から新芽が吹き出したり、壁から青草が生えて来たりしたが、内部は非常に暗く、樺太アイヌの化け物噺は、決まってトイチセが舞台であったという（馬場 1979：p.195）。
（9）「大正以前」までは、変死者の家を「取り毀ち、（略）仮小屋を建てて家族を移らせた」が、これも「時代の移りと共に変つた」ものとある。変死者の家を焼却する風習は、「家を壊す」より以前のことであるが、この「昔」がいつを指すかは不明である（西鶴 1997：p.435）。
（10）『アイヌ民族誌』ほか、アイヌ文化に関わる民俗学／民族学文献の特徴として、一つの文化要素が（地方差と前後して）、複数の項目や頁に分散・重複している、あるいは、その説明の途中に、著者の意見や感想と判断せざるを得ない記述が混在する等の傾向がみられ、情報の判別に労を要することがままある。そのため、とくに本章の 2.～3. では、筆者が大幅に整理した上での関連情報を示している。原典に当たる場合には、この点に留意して判読されたい。
（11）この場合には、死後住む家が、すでにあの世に送られているという考え方かと予想される。
（12）同一地方内の差異については、家系差ともいうべき差ではないかと筆者は考える。例えば、かつてみられたというアイヌの婚姻規制、すなわち母方イトコ婚の禁忌を

含む、同一下紐集団（シネ ウプソル）の女性との婚姻を避けるインセスト・タブーが存在したことから（百瀬 1994）、配偶者は同じ地域からだけではなく、男女ともに他地域から婚入する例があった。したがって、他地域の文化要素が、婚姻を介して持ち込まれた可能性もあるが、実際のところはわからない。

(13) この事例を、「屋内で火を用いて生活の痕跡を形だけつける」と解釈するならば、b（の「擬装」）と位置付けることも可能であろう。
(14) この際、女性の入れ墨、男性の耳輪（ピアス）を禁止し、「言語ハ勿論文字モ相学候様可心掛事」を達している。入れ墨については、その後も数度にわたり禁止が達されたが、大正頃まで行われていたという。アイヌ習俗に対する禁止令については、アイヌ側の対応も含め、拙著で詳しく論じている（百瀬 2008：pp.178-194）。
(15) 標準的な家では、その大きさは桁行3～4間（約5.5～7.3 m）、梁間2～3間（約3.7～5.5 m）であるという（『アイヌ民族誌』上：p.185、（ ）内は筆者による換算）。
(16) 元来は、家の入口側には、炉縁はつけなかったという。Munroによれば、「平均的な大きさの家」で、縦5～8フィート（約152～244 cm）、横が3～5フィート（約91～152 cm）という（Munro 2014：p.57、（ ）内は筆者による換算）。
(17) 地域によっては、火の神は男女2柱とするところもあり、旭川（近文）も男女2柱であるという。
(18) 図7の両横にある洞窟は、この世からあの世に通じる洞窟アフンルパｧのある河口（海・川）と川の上流（山・川）を意味する。天地が東西にあたらない場合もあるため、東西は（ ）で括った。円の下部は神も人も落とされる可能性のある、「永遠にとどまる場所」を示している。
(19) イオマンテの他にも、オプニレ、イワッテ等、動物・器物送りを示すアイヌ語がある（宇田川 1989：p.29, pp.33-34）。
(20) Sir Edward B. Tylor（1832-1917）。「文化人類学の父」と称される英国の人類学者。宗教を「霊的な存在（spiritual being）の信仰」と定義し、アニミズムを宗教の本質として、人類の原初よりみられる現象ととらえた。
(21) Sir James G. Frazer（1854-1941）。英国の人類学者。膨大な典籍研究を基に編まれた『金枝篇』の著作で知られる。Frazerの記述については、（古野 1973、石川ほか編 1994、Pals 2015）を参考にした。

参考文献
アイヌ文化保存対策協議会編 1970a『アイヌ民族誌』上、第一法規出版。
アイヌ文化保存対策協議会編 1970b『アイヌ民族誌』下、第一法規出版。
石川栄吉ほか編 1994『文化人類学辞典』（縮刷版）弘文堂。
宇田川洋 1989『イオマンテの考古学』東京大学出版会。
大蔵省編 1885（1984復刻）『開拓使事業報告附録布令類聚』上編、北海道出版企画セン

ター。

葛西竹千代 1997「樺太アイヌの民俗」谷川健一編『北の民族誌：サハリン・千島の民族』日本民俗文化資料集成23、三一書房、pp.455-487（1943 初版）。

河野広道 1971「貝塚人骨の謎とアイヌのイオマンテ」河野広道著作集刊行会編『北方文化論』河野広道著作集Ⅰ、北海道出版企画センター、pp.232-244（1935 初出）。

西鶴定嘉 1997「樺太アイヌ」谷川健一編『北の民族誌：サハリン・千島の民族』日本民俗文化資料集成23、三一書房、pp.377-454（1942 初版）。

バチラー，ジョン 1995『アイヌ・英・和辞典』第4版、岩波書店（1938 初版）。

バチェラー，ジョン／安田一郎訳 1995『アイヌの伝承と民俗』青土社。

(Batchelor, John 1901 *The Ainu and Their Folk-Lore*, The Religious Tract Society, London.)

服部四郎編 1964『アイヌ語方言辞典』岩波書店。

馬場 脩 1979「樺太アイヌの穴居家屋(トイチセ)」『樺太・千島考古・民族誌』1、北海道出版企画センター、pp.182-198（1968 初出）。

藤本英夫 1971『北の墓』学生社。

古野清人 1973「原始宗教の構造と機能」『古野清人著作集』2、三一書房、pp.13-281。

村上貞助謹誌（著）・秦檍丸撰・間宮倫宗増補 1990（1823 年成立、復刻版 河野本道・谷澤尚解説）『蝦夷生計図説』北海道出版企画センター。

百瀬 響 1993「旭川近文地方の祖霊祭祀：3 家の事例にみるその継承と変容」『アイヌ文化』18 号、pp.40-54。

百瀬 響 1994「アイヌの死生観：婚姻範囲規制と送り儀礼」木田献一編『日本人の死生観・他界観の比較文化的研究：伝統と変容』立教大学、pp.59-74。

百瀬 響 2008a『文明開化 失われた風俗』吉川弘文館。

百瀬 響 2008b「アイヌの祖先祭祀と文化変容について」『環オホーツク』16 号、pp.17-29。

米村喜男衛 1971「モヨロ」『北方郷土・民族誌』2、北海道出版企画センター、pp.249-295（1951 初版）。

渡部 仁 1972「アイヌ文化の成立：民族・歴史・考古諸学の合流点」『考古学雑誌』58 巻 3 号、pp.47-64。

Munro, Neil G. 2014 *Ainu Creed and Cult* (edited with a preface and an additional chapter by Seligman, B. Z., introduction by Watanabe, H.), rev., Routledge, London and New York (New York: Columbia University Press, 1963 [©1962]).

Pals, Daniel L. 2015 *Nine Theories of Religion*, 3rd ed., Oxford University Press, New York.

Pike, Kenneth L. 1999 *Etic and Emic Standpoints for the Description of Behavior*, in Mc Cutcheon, Russell T. ed., *The Insider/Outsider Problem in the Study of Religion*,

Continuum, London, pp.28-36.（1954 初出）

Tylor, Edward B. 1889 *Primitive Culture : Researches into the Development of Mythology, Philosophy, Religion Language, Art and Custom*, 2vols, 3rd ed., Henry Holt and Company, New York, 1.（1871 初版。2 巻については、Tylor, Edward B. 1977 *Primitive Culture : Researches into the Development of Mythology, Philosophy, Religion Language, Art and Custom*, 2vols, 3rd ed., rev. Henry Holt and Company, New York, 2 を参照した。1・2 巻とも英国版第 2 版を原典とする米国版第 3 版である）。

＊復刻版には出版年の後に復刻年を記した。また、単行本には初版年を、論文には初出年を末尾に（　）で記した。

Ⅲ　ニヴフ民族のくらしと火

丹菊逸治

　北海道の北に位置するサハリン島（樺太）の北半分から間宮海峡をはさんで大陸側にかけてはニヴフ民族の伝統的な居住地域である。昔はギリヤークと呼ばれていたこともあるが、今では自分たちが自分たちを呼ぶ自称である Nivkh「ニヴフ」（あるいはニブフ）が正式の呼び名である(1)。北海道から千島列島、サハリン島の南半分はアイヌ民族の伝統的居住地域であり、ニヴフ民族とアイヌ民族はちょうどサハリン島中央部を境界として接してきた。ニヴフ民族の伝統的居住地域は現在ではロシア連邦の領内にあるが、彼らはいわゆるアジア系の顔立ちをした人々である。第二次世界大戦終了までサハリン南半（南樺太）は日本領であったが、そこは千数百人の樺太アイヌ民族、数百人のウイルタ民族、ニヴフ民族の居住地でもあった。日本国籍を有する彼らは戦後、北海道以南に「引き揚げ」た。そして現在も日本国民として日本国内で暮らしているのである。

　考古学においては、北海道の北部・東部で3世紀から9世紀にかけて存在したオホーツク文化の担い手がニヴフ民族なのではないか、という仮説が提出されている(2)。ニヴフ文化はアイヌ文化、日本文化の古層を考える上でも重要な示唆を与えてくれる可能性がある。本章では1999～2015年のサハリン・アムール地域調査での聞き取り調査を文献資料で補完しつつ、ニヴフ民族のくらしと住居、火に関する観念をご紹介したい(3)。

1. ニヴフ民族の伝統的住居

ニヴフ民族の伝統的な生業は夏期のサケ・マス漁と冬期の狩猟だった。特にサハリン島には大型のシカ類が少なく、夏期に獲ったサケ・マスの干し魚が年間を通しての重要な食料源であり、冬期の狩猟は清帝国やロシア人から金属製品や布地を入手するための交易品であるクロテンなどの毛皮獣の狩猟が主だった。夏期には海岸や河岸のフィッシュキャンプで暮らし、冬期には内陸の半地下式住居に移動、狩猟シーズンになるとそこからさらに山奥に出かけて猟小屋を拠点にクロテン猟を行う、というのが伝統的な生活サイクルであった。

19世紀末から20世紀初頭にかけてサハリン・アムール地域ではロシア系移民が急増した。また1930年代にはソビエト政権によって近代化（コルホーズ化）が進められ、ニヴフ民族の各小集落は次々に統合されていった。そして最終的に1970年代までに各地のニヴフ人集落はほとんどがロシア人集落に統合された。だが、夏期フィッシュキャンプでサケ・マス漁をして干し魚を備蓄する生活自体は現在まである程度継続されている。サハリン島におけるトゥミ川流域、海岸地域（砂洲）におけるフィッシュキャンプ、アムール川河口の海岸部のニヴフ民族の漁村の数は過去100年で大きく減った。だが現在残っているフィッシュキャンプに関していえば、その位置はここ200年間あまり変わっていない。

もちろん、現在では夏期のフィッシュキャンプでも伝統的な家屋の名残はほとんどない。例えば湿地が多い地域ではかつて高床式の夏期家屋が用いられたが、現在では見ることができない。また、冬期の半地下式住居も全く使われていない。だが、小規模漁業ということもあり、フィッシュキャンプにおいて寝泊りする家屋、魚干し台、船着き場などの位置関係等はほとんど変わっていないようである。

2. 現代の「夏の家」──フィッシュキャンプでの生活──

　サハリン島東海岸北部トゥミ川河口に位置するノグリキ町近郊のヌイ湾などでは、現在でも昔ながらのニヴフ式の魚干し台を見ることができる。本島側からは潟湖（湾）をはさんで数キロ離れた砂洲（ニヴフ語でtor^{h}トシュと呼ぶ）がいくつも続いている。何百年もの歴史を有するチャイヴォ村[(4)]をはじめ、かつてはラルヴォ村、ピリトゥン村などいくつもの定住集落があった。現在ではいずれも通年の定住地ではなく、一時的な漁場にすぎない。ヌイ湾砂洲のヌイヴォ村など夏期のフィッシュキャンプがあるだけである。

　図2は、ヌイ砂洲（ヌインスキー砂洲）は古くからニヴフの夏期集落があった場所である。現在ではロシア人漁業者が多くなってしまっているが、ラルヴォ（ソ連時代のダギ・コルホーズ）やトゥグムチ（現ガフォービチ島）など潟湖群内の島々出身のニヴフ人や、ピリトゥン、チャイヴォなど他の砂洲にあったコルホーズにいたニヴフ人もフィッシュキャンプを設営している。多くは木造の浜小屋と伝統的なニヴフ式の魚干し台を建てて小型ボートを用いた小規模網漁を行っている。

　現在の浜小屋はロシア式のものとあまり変わらない（図3）。整地するためわずかに地面を掘り込んであったりするが、かつての半地下式住居のように1メートルも掘り下げることはない。都市部にあるような集中暖房設備はないので、暖房は薪ストーブである[(5)]。ここに1か月～3か月程度滞在してサケ・マス漁をする。

　フィッシュキャンプの建物は基本的に家族単位で確保する。隣の建物とは数キロ離れているのが理想らしく、数百メートルしか間隔が確保できない現状は「人が多すぎる」という。隣にいるのが近しい親族であっても、やはり離れているほうが望ましいらしい。子供や犬を連れてくるケースも多いが、都市部の家に必ず留守番を残してくる。空き巣狙いもいるし、家庭菜園（ダーチャ）の世話もしなくてはならない[(6)]。サケ・マスが遡上している最中は誰もが忙しくな

図1 地図 サハリン東海岸北部トゥミ川河口付近

図2 サハリン島。夏期集落ヌイヴォ村があるヌイ砂洲（2011年）

図3　サハリン島。ヌイヴォ村のフィッシュキャンプ（2002年）

図4　サハリン島。漁船などにも用いられる河川用モーターボート（2002年）

る。

　フィッシュキャンプでの漁業に用いられるのは河川用のモーターボートである（図4）。1日に数十本のサケを回収する小規模な漁が多い。基本的には先住民漁業組合等で漁業権を確保して操業している。つまり自家消費分を獲っているわけではなく、商業的な組合の零細漁業者である。かつての伝統的な生活では1人あたり数百尾のサケ・マスが備蓄されていたらしいが（クレイノヴィチ 1973：p.372）、現在では先住民の権利として個人ごとに認められる自家消費分はわずか100キログラム前後、つまりサケ20匹程度である（年によって変更されることがある）。今でもニヴフ人の食生活では魚を大量に消費しているた

め、これではとても足りない。ロシア帝国時代にもソ連時代にも自家消費分は確保できていたが、現在では不足分を現金で購入せざるを得なくなっている。今でもニヴフ人の多くは都市部ではなく海岸の漁村に暮らしている。自家消費のための先住民漁業の枠を何とかもう少し広げて欲しいというのがニヴフ民族の共通の願いである。

干し魚

魚の保存方法としては近代化によって塩蔵や冷蔵なども導入されたが、干し魚の製法自体は変わっていない。東方言で halŋar^h ハルンガシュ、西方言で c^{h}aŋ チャンと呼ばれる、数メートル四方の木造の干し台の上で処理をして干す。ハルンガシュは魚処理用の床と干し棹をかける棚が一体化した台である（図5・6）。チャンで魚を何枚にもおろし、身を1センチ程度に薄く切って全く塩を用いず天日干しにする（図7）。雨天時には屋根の下に取り込む、虫がついたら取り除くなど気を配る。1か月ほどで完全に干し上がるという。伝統的には翌年の秋までこれを消費していた。

干し魚は小さく切って日本の白米のように「主食」として食べる（図8）。ひとかけら口に入れ、次にアザラシ油をひと口すくって口に入れる。いわゆる口内調味である。

主菜は主として魚のスープである。スープに入れるのは伝統的には魚だけだった。ギョウジャニンニクなど薬味の山菜を加えるだけで、根菜などはあまり入れなかったという。伝統的には塩も用いない。味付けとして海水を入れることもあったというが、一般的ではなかったようである。現在ではジャガイモなどを入れることが多く、またわずかに塩味がつけられている（図9）。

新鮮な魚が手に入るフィッシュキャンプでは、サケの内蔵料理なども食べられる。砂洲で採れるベリーと魚の身や白子をあえた「ヴズグ・アルシュ」なども定番の料理である（図10）。

図5 干し魚台。アムール地方アレエフカ村にて（2005年）

図6 干し台骨組み。サハリン島ヌイヴォ砂洲にて（2011年）

図7 干し魚。アムール地方アレエフカ村にて（2005年）

図8 細かく切った干し魚。サハリン州ノグリキ町にて（2004年）

図9 魚のスープ　サハリン州（2007年）

図10 白子と魚の和え物　サハリン州（2005年）

3. 伝統的な夏期住居と倉

　ニヴフの伝統的家屋として一般的にイメージされるのが、ke-raf ケ・ラフ「海の家」、tolf-taf トルフ・タフ「夏の家」あるいは ɲo-raf ニョ・ラフ「倉の家」と呼ばれる高床式の夏期家屋である。これは夏期集落つまりフィッシュキャンプに設置されるものである。ネズミ返しがつけられるなど、動物の食害を防ぐ工夫がされている。だが、ヌイ砂洲などトゥミ川河口地域では高床式の夏期家屋については少なくとも現在のニヴフ人は記憶していない。高床式で作られたのは倉だけだという。現在のフィッシュキャンプの暮らしは、家屋の形

式も含めて何百年前とそのままほとんど変わっていないとヌイ砂洲のニヴフ人は考えている。

ハルンガシュ（干し魚台）で魚の処理と乾燥はできるが、冬期間の保存庫は別に必要になる。伝統的には高床式の倉を建て、また夏期家屋そのものもそのまま干し魚の保存庫にした。サケの遡上が終わり、すべ

図11　国立サハリン博物館（サハリン州ユジノサハリンスク市）に復元された夏期高床式家屋（2011年）

ての干し魚が干し上がると、それらはすべて倉と夏期家屋に入れ、自分たちは風をしのぎやすい内陸に建設された半地下式住居に移る。雪が降って犬ぞりが使えるようになると、倉や夏期住居から定期的に食料を輸送した。これらの高床式夏期住居の現物は残されておらず、博物館などで復元家屋として見ることができるだけである（図11）。

民族学者クレイノヴィチはトゥミ川上流のチルウンヴド近郊にあったニヴフ人集落スラヴォ村での高床式夏期家屋の建設例を報告している（クレイノヴィチ　1973：p.69）。10〜12本の大木の根株を用意し、2列に並べてその上に四角い基部を作る。高床式の床面の入口側には幅メートルほどの踊り場が設けられる。残りの部分にひと間の建物が建てられる。建物の入口側半分は物置兼作業場であり、奥側半分は居住空間である。居住空間の中央に炉が設けられる。3方向の壁際には幅の広いベンチ（小上がり）が作りつけられる。このベンチは中央の火に頭を向け、側面方向（平面方向）に足を向けて大人が寝られる幅に作られる。奥が上座の方向である。家の主人夫婦は入って右側の奥側に夫、入口側に妻が座る。客は一番奥の上座か入って左側の奥、左側手前には家の主人の家族の者が座る（クレイノヴィチ　1973：p.206、米村　1974：p.29、山本　1968：

p.113)。

　こうしてみると、たんなる小屋というより、かなり大きなものである。当時のニヴフ人は「倉と形状は同じだが大きく作る」と説明している（クレイノヴィチ 1973：p.69）。建物全体の妻面の幅としては、最低でも大人の身長の2倍に炉の直径を足した幅が必要である。「火に頭を向ける」という就寝姿勢はニヴフの伝統的価値観にもとづくものであり、人が多い場合には必ず守らなくてはならなかった。[8] したがって家族で住む限り、どんな小さな夏期家屋でも幅は5メートル以上が実際に必要だったと思われる。それに比して奥行きは浅くすることも不可能ではない。山本祐弘による戦前の聞き取り調査でも「古老より私が調べたところ、丸太小屋は普通、平面で六米×九米くらいの大きさで、ひと間の構成である。むしろ妻側の長さが大きく、平のほうが短いということを述べていたが、一般には四角形に近いもののようである」という（山本 1968：p.111）。

　なお、夏期の高床式家屋や冬期の半地下式家屋の他に aundoq-raf アウンドク・ラフ、kʰauri-raf カウリ・ラフあるいはただたんに kʰauri カウリと呼ばれる、マツの枝などで作る簡易小屋があった。現在では夏祭り儀礼や春の海開き儀礼など、伝統儀礼が復興される際にしばしば焚火の傍に再現されるので比較的目にする機会は多い。また、船で移動する際には帆を利用して qaj-raf カイラフ「帆の家」と呼ばれるテントを作ることもあった。

　これらの簡易小屋は実用目的としてはベリー採集の際などに用いられたようである。現在ではもちろん近代的なテントに置き換えられている。

　なお、ベリー類は夏期を通して

図12　ガンコウラン　ヌイヴォ砂洲にて（2002年）

さまざまなものが採れる。中でもヌイ砂洲で大量に採集されるのはコケモモ、ガンコウラン（図12）である。特にコケモモは長期保存が可能で、冬期にはモスと呼ばれる儀礼用の料理（煮こごり菓子）に必ずといっていいほど入れられていた。トゥミ川上流ではハマナスもアザラシ油漬けにして備蓄していた。

4．記憶の中の半地下式家屋——聞き取り調査から——

サハリン島にもアムール地方にも、現在ではこれらの伝統式家屋の実物は一基も残されていない。高床式夏期住居も半地下式冬期家屋も博物館等に復元されたものが設置されているだけである（図13）。特に冬期の半地下式家屋は早いうちに丸太小屋にとって代わられたらしく、使用されていたのは1930～40年代までのようである。サハリン島トゥミ川流域（チルウンヴド、ノグリキなど）での聞き取り調査による情報をまとめると次のようなものである。

（1）全体の構造

to-raf トラフ「土の家」あるいは tʰulf-taf トゥルフ・タフ「冬の家」は、半地下式家屋であり、夏期家屋同様にかなり大きな建築物である。居住部分は直径が10メートルほどのドーム状となっていて、数十センチ～1メートルほど地面を掘り込んであり、床は土間になっている。中央に4本の柱が立てられており、この柱に端から丸太が斜めに渡されて壁と屋根を兼ねる構造材となっている。円

図13　国立サハリン博物館（サハリン州ユジノサハリンスク市）に復元された冬期半地下式家屋（2011年）

錐状のテントのような構造である。

　玄関は uskŋ ウスクンと呼ばれる細長い物置小屋になっている。物置小屋の床にあたる部分は掘り込まれていない。この部分は地上の「掘立小屋」になっている。ドーム状の居住部分も、細長い物置小屋部分もどちらも木造でそこに草を葺いて上から土をかける。ある程度時間が経つと草が生えて丈夫になるという。

（2）物置小屋

　干し魚やアザラシなど食料は細長く突き出した物置小屋部分（ウスクン）に備蓄される。とはいえ、1基の半地下式住居に数家族でときには十人以上で居住するので、干し魚も数千尾分であり、とても物置に収まりきらない。基本的には夏期の小屋がそのまま食料庫として利用され、そこから定期的に犬ぞりで半地下式住居に運び込む。物置小屋部分は片側が食料庫、片側が nuvik ヌギク「（犬ぞりの）先導犬」の飼育スペースである。先導犬は大切に飼われ、猟犬としても重宝される。先導犬以外の橇犬たちは、やはり半地下式の犬小屋を別に作りそこで飼育される。

（3）ベンチ（小上がり）

　居住スペースの構造は次のようになっている。中央部の4本の柱の内側は土間になっている。壁際からこの柱まで高さ数十センチ、奥行き2メートルほどの、ŋavŋ ンガグンと呼ばれる小上がり状になったベンチが入口側以外の3方向に造りつけになっている。普段はその上で生活する。就寝するのもこの上である。実際に半地下式住居を知っているニヴフ人の話を聞く限り、たいていの復元家屋ではこの小上がりが狭すぎるようである（建物全体の規模も小さいため仕方がないのかもしれない）。この小上がりは奥が上座である。小上がりの下は物を置くスペースとなっている。また、壁際には棚が作られていたという。夏期家屋と同様、寝るときには頭を火のほうに向けて就寝した（人が少なくて場所があれば火に横を向けて寝てもよい）。座る位置も夏期家屋同様に決

まっていたらしい。夏期住居より多くの人々が住んでいたという証言もしばしば聞かれる(9)が、基本的には親族で暮らしていたようであり、その場合の「主人の座」には一族の最年長者が座っていたと思われる(10)。

（4）炉

半地下式家屋の中央部は土間になっていて、さらにその中央に板で囲われた炉（囲炉裏）がある。炉は日本の囲炉裏などに比べると小さいが、もう少し高さがあったようである。これはモヨロ貝塚館（北海道網走市）の復元家屋の炉と一致する(11)。過去の民族誌記述などによると、この炉の灰は神聖なものであり、そこにナイフなどの金属器を突き刺すことは固く禁じられていた。

（5）煙穴と蓄熱

天井には穴があけられており、そこから煙が抜けるようになっていた。1809年の間宮林蔵の調査（にもとづくイラスト）では、入口近くにカマドがあり、いわゆるオンドルのように高床の下を煙が回って屋内を暖房する構造になっているように見える(12)。アムール地方のカリマ村出身者からの聞き取り調査ではオンドル形式だったという証言もあるが(13)、これまでのところトゥミ川流域の半地下式住居についてはそのような証言は得られていない。

炉は土間に直接作られており、しかも居住期間中は火を絶やすことはなかったため地面に蓄熱できたはずである。アムール地方でニヴフ民族、ウリチ民族と隣接するナーナイ民族はオンドルを使用していた。ニヴフ民族がオンドルを取り入れなかったのは、それなしで十分に暖房可能だったからであろう。

（6）屋内での調理法

炉の中央に火が焚かれ、そこで調理も行われる。具体的にいえばお茶を飲むための湯が沸かされ、大鍋で魚のスープが作られる。屋内の調理では魚も肉も基本的に煮る（ゆでる）だけで焼くことはなかった。串焼きは屋外の出先などでする簡易的な調理法である。

冬期は捕獲した魚も動物もすぐに凍ってしまうので、そのまま保存できる。魚であれば kəŋ-cʰo クン・チョ「凍魚」として、あるいは解凍後に talq タルク「刺身」として生で食べたり、あるいは煮て食べる。アザラシの脂も凍ったものをそのまま食べ、あるいは液体になったものを干し魚につけて食べる。

調理に用いられたのは鉄製の大鍋である。これは kuvivaŋ クギ・ヴァニュ「アイヌの鍋」と呼ばれていた。おそらくアイヌ民族経由で日本製の鉄鍋がもたらされていたころの名残であろう。この鍋は梁から吊るされた炉鉤にかけられていた。炉鉤が吊るされている梁には tər トゥルと呼ばれる木枠がつけられていることもあり、そこで物を乾かすこともできた。

5. ニヴフ民族の「火の神」をめぐって

ニヴフ民族のこれらの伝統的住居において、重要な要素の一つが「火」であるが、火の扱いや、火にまつわる儀礼などはニヴフ民族の伝統的な宇宙観と密接な関係がある。ここからはニヴフ民族の半地下式家屋の新築儀礼と火の観念について紹介する。

（1）ニヴフ民族の宇宙観における「火」

ニヴフ民族の伝統的な宇宙観は、地上界と天上界と地下界という層状の宇宙構造、海・山などいくつかに分割された異界としての自然界、そしてそれらの各異界に「自然界の人々」あるいは「自然界の主」が住むという観念など、ユーラシア北部の諸民族と共通する点が多い。

ニヴフの伝統的な宇宙観によれば、海や山は人間が目にし歩き回ることができる「この世の自然」であると同時に、人間の手の届かない「超自然的な異界」でもある。そしてそれらの異界にはそれぞれ tol nivgun トル・ニヴグン「海の人々」、pal nivgun パル・ニヴグン「山の人々」という異界の人間たちが暮らしている[14]。あるいは tol əzŋ トル・ウズン「海の主」、pal əzŋ パル・ウズン「山の主」という異界の「主（ぬし）」がいると考えられることもある。後

者の場合に用いられている əzŋ ウズンという単語はおそらくツングース系（あるいはモンゴル系）の借用語である。ニヴフの伝統社会では、地域にも qʰalŋ カルンあるいは qʰal カルと呼ばれる氏族（リニッジ）にも明確な首長は存在しないため、このウズン観念そのものが外来の要素だと考えられる。住居と関連するウズンとしては tav əzŋ タヴ・ウズン「家の主」という家の守護神（その木偶が家の隅に安置される）、vo əzŋ ヴォ・ウズン「村の主」という村の守護神（その木偶が村の境界に安置される）などがある。[15]

そして tʰuvrʰ トゥグシュ「火」も「自然界の主」の一つとして考えられており、実際に tʰuvr əzŋ トゥグル・ウズン「火の主」と呼ばれることもある。[16]「火の主」は囲炉裏の火の中に座す夫婦神と考えられている。

これらの諸ウズンにはさまざまな機会に供物を供えなくてはならない。どんな場所であれ、そのシーズンに初めて訪れるときには必ずその土地の miv əzŋ ミヴ・ウズン「土地の主」に挨拶し、食物を供える。山や海の主に対しては狩猟や漁労のシーズン開始時に挨拶し、食物を供える。家や村の主に対しても定期的に供え物をする。家の主に対しては毎回の食事の際に口に食物を塗りつけたらしい。火の主に対しては定期的に供物を供えるわけではなかったようである。ただし、火が音を立てて燃えているときには何か供える。[17]この火への供物の習慣は現在でも比較的よく保たれている。

（2）火の主と氏族

火は qʰalŋ カルン「氏族」の概念と重ねられており、tʰuvrŋeqrʰ, qʰalŋ ŋeqrʰ トゥグル ニャクシュ、カルン ニャクシュ「火が ひとつ、氏族が ひとつ」という慣用句で表現される。これは「火が同じであれば氏族が同じである（＝氏族は同じ火を共有している）」という意味である。同じ氏族の人間を tʰuvr-ŋeqrʰ-kun トゥグル・ニャクシュ・クン「火が一つである者たち（＝火を同じくする人々）」と呼ぶこともある。この人々を同じくする「火」はたんに氏族ごとにあるばかりでなく、各家にも存在する（クレイノヴィチ 1973：p.80）。つまり個別であると同時に偏在してもいる。

（3） 火の主と狩猟

　火の主は狩猟の成功／不成功に関わると考えられている。例えばクマ狩りをするときに cʰχəf チハフ「クマ」という単語を口にしてはいけない。そうするとクマは絶対に獲れない。どうしても言及する必要があるときには cʰχəf チハフといわずに moq モクという忌詞を用いなくてはならない。火の主が人間の会話を聞いていてクマに告げ口をするのだと説明される。これはクマだけでなく多かれ少なかれ他の動物についても同じであり、実際に猟に出る前には詳しい打ち合わせなどはしなかったらしい。[18]

　「動物たちに告げ口をして狩猟を不成功に終わらせる」一方で、火の主が人間の狩猟を援助するような例も見られる。アザラシ猟に際して、猟師が狩に出る前に「火の主」がアザラシ猟に出かけている。そして「火の主」がアザラシを捕獲できれば、その猟師もアザラシを捕獲できる、という（クレイノヴィチ 1973：p.81）。

（4） 昔話「火から出る化物」

　人間に害をなす化物が火から出現する、という次のような tʰəlgurʰ トゥルグシュ「昔話、伝説」がいくつか記録されている（アウステルリッツ 1992：p.247、ピウスツキ 2003：p.25、服部 1956：p.100、高橋 1942：p.133、丹菊 2004：p.146）。

　「猟師が山で焚火をしていると、犬の吠え声で化物が焚火から出現することが分かった。マサカリを構えて待っていると、焚火の中から化物が出てきた。そこでマサカリで叩き斬って殺した」。

　いくつかの類話では後半部分が異なっている。化物の出現が分かったので、ヤナギの棒を1本目の前に立てておいた。すると化物の目にはそれが大木に見えて猟師に気づかずに火に戻って行ったという。

（5） 火の主と半地下式家屋

　冬期家屋、すなわち半地下式家屋は、クレイノヴィチ（1973）などが報告す

る新築儀礼を見る限りでは、夏期家屋より火の主との結びつきが強かったようである。

（6）4本の大黒柱の守護神 kok コク

　半地下式家屋の炉のある土間と小上がりの境界には、いわば「大黒柱」となる4本の柱があるが、この柱には複数の儀礼的な要素がある。建設の際、これらの4つの柱穴には火打石と特定の植物の枝が入れられる。入れられる植物はトゥミ川上流ではサンザシ（クレイノヴィチ 1973：p.74）、米村喜男衛の報告によるポロナイ川河口地域のポロナイスクの例では qmirŋ ŋaks クミルン・ンガクス「ハマナスの枝」である[20]。各柱には顔が彫り込まれ、真ん中を向くように立てられる。顔を掘るのはクレイノヴィチによれば新築儀礼の際、米村喜男衛によれば始めから掘っておくという。クレイノヴィチによれば顔を掘るのは材木の東側の面である（クレイノヴィチ 1973：p.74）。奥の2本は男性、戸口近くの2本は女性である[21]。クレイノヴィチによればこれらは kok コクと呼ばれる霊であり火の主ではない[22]。

（7）半地下式家屋の新築儀礼

　クレイノヴィチは1926年にサハリン島トゥミ川流域のスラヴォ村で半地下式家屋の建設方法と新築儀礼について説明を受け、記録を残している。それによれば新築儀礼はかなり複雑である[23]。
　1）犬を殺して頭を敷居の下に埋める。犬の頭は悪霊から家を守護してくれる[24]。
　2）4本の大黒柱に顔を掘る。
　3）梁の横木をイラクサ糸で儀礼的に縛る。
　4）梁と屋根の間に4本の inaw イナウ「木幣」を挿す。木幣の2本には雌の像、2本には雄の像を彫る。
　5）炉に3本のモミの棒を立て、木幣とクマの像をかける[25]。
　6）モミの小枝に木幣と mos モス「煮こごり菓子」、ユリ根、タバコ、供物

用の植物で小さな輪を作ったものをのせ、火に「食べさせる」、つまり火に投じて燃やす。火の主への祈りは eχlgun-ax tʰa qoŋgʃaja! nin-ax urgur hunvgʃaja! エハルグナハ タ コングシャヤ！ ニナハ ウルグル フヌヴグシャヤ！「子供たちに病気をさせないようにしてくれ！ 我々に良いくらしをさせてくれ！」というものである。クレイノヴィチによればこの「子供たち」というのは祈っているニヴフ人たち自身を指す。つまり、「火の主よ、あなたの子供たちである我々が病気にならないよう、良いくらしが送れるようにしてください」と祈っているのだという。また、小さな輪を作るのは、クロテン罠猟で火の主に援助してもらうためである。

7) 炉の儀礼。①中央近くを掘り、モミの枝と木幣、モスを入れて砂で埋める。②熊祭りの際に棒を差し込む場所にモスを置く。③四隅に左から右にモスを塗りつける。

8) 煙穴から外にモスを4切れ投げる。

9) 家の守護神への供物。①4) で挿した木幣にモスを投げつける。②大黒柱の上の横木の枠の四隅にモスを投げつける（これは材同士の接合を強固にするためである）。③4本の大黒柱の守護神 kok コクの唇にモスを塗りつける。④敷居と戸口の上の壁にモスを投げつける。

（8）異世界との仲介者としての火の主

この半地下式家屋の新築儀礼からは火の主が必ずしも「家の守護神」ではないことがうかがえる。まず、戸口を守るのは埋められた「犬の頭」である。また屋内への魔の侵入を防ぐのはおそらく、モスが塗りつけられるいくつかの場所、すなわち梁に挿した4本の像付の木幣、4本の大黒柱の守護神、煙穴の四隅、炉の四隅などである。それらの「囲い込む諸霊」が家を守護すると考えるべきであろう。

また、4本の柱の守護神の柱穴に入れられる火打石も、火の主と関係があるとは考えられていないようである。米村喜男衛（1974）によればこれらの守護霊は「この家に住む人たちの和合をはかってくれる」ものであり、柱穴に入れ

られる火打石は「家を浄めるもの」、枝は「魔除け」であるという。クレイノヴィチも悪霊の侵入を防ぐためだと推測している。火の主と火打石の関係について否定的な返答が返ってきたか、少なくとも肯定的な返答が得られなかったのであろう。

　火の主は家の中心の炉に座し、その炉は屋内でもっとも神聖な場所である。さまざまな形で人間の生活に関わり、悪霊によってひきおこされる病気の防止においても重要な役割を果たす。だが、それだけでなく「媒介者」「仲介者」としての役割が大きいように思われる。

　新築儀礼にあたって人々が火の主に祈るのは「病気をしないこと」と並んで「良いくらし」であり、特にクロテン猟の成功である。先に見たように日々の生活において火の主が関わるのは「狩猟の成功」である。火の主は狩猟と結びついている。ニヴフの宇宙観における「狩猟」には二つの仕組みがある。一つはクマ猟であり、これは山の主としばしば同一視されるクマ自身が猟師の客となる行為である。もう一つはクロテンなどの毛皮獣猟、海獣猟であり、これは山の主（クマの一族）や海の主が自分の支配下にある毛皮獣や海獣を猟師の許へ送り出す行為である。いずれにしても「狩猟」とは猟師が「どこかから何かを得る」というよりも「どこかから何かがやってくる」ことなのである。つまり、火の主は何かを「寄せ付けない」「入らせない」のではなく、獲物（客、あるいは遣わされた存在）を「招き入れる」という性格を持つ。

　氏族の成員を結びつける紐帯であること、狩猟において獲物を招き寄せること、これらは火の主の「仲介者」としての性格を表している。この「仲介者としての火」は「火から出てくる化物」の話とも整合的であるように思われる。屋外の火が地上世界と異世界とを仲介する、という話なのである。

　ニヴフの伝統的な考え方では「火から出る化物」などの「昔話、伝説」は真実であり、意識的な創作は許されない。この話に表れた「火から出る化物」も伝統的な宇宙観の中に位置づけられている。人間の味方である「火の主」と人間の敵である「火から出る化物」はともに「火」に関わっている。

　ニヴフの伝統的宇宙観において、山、海などの地形はそれ自体が神というわ

けではない。山や海は「異界の人々」や「主」が住む「場所」である。火も同じように「主」が住む「場所」であって、それ自体が神というわけではおそらくない。そして家屋内の炉の火は「火の主」の座する場所であり、屋外の焚火の火はそうではない。もちろん「火の主」の仲介者としての性質はおそらく火そのものの性質でもあり、切り離すことはできない。だからこそ「火の主がいない火」である屋外の焚火は「化物」の出入り口となってしまうのであろう。

　現在のニヴフ民族の間にも伝統は生きている。夏のフィッシュキャンプでのくらし、山や海の主、火の主への供物の習慣などである。それらは思わぬところで相互につながっている。本章ではニヴフ民族の現在の夏期集落でのくらしと、現在では作られなくなった冬期の半地下式家屋や、行われなくなった儀礼の一端をご紹介した。あえて両者を結びつけることはしなかったが、何らかの連続性を感じていただければ幸いである。

註
（1）nivx ニヴフは西方言（アムール方言）で「人間」を意味する語である。なお東方言（サハリン方言）では nivvŋ ニグヴンあるいは nivŋ ニヴンである。
（2）菊池 1995・2004・2009 などを参照されたい。
（3）特に断らない限り、本章の内容は 1999〜2015 年のアムール・サハリン地域の調査による。ニヴフ語はトゥミ川河口地域の東方言（サハリン方言）である。E.A. クレイノヴィチや米村喜男衛の調査資料等によった場合は明記してある。
（4）18 世紀の地図には Sai「サイ」として記載されている。
（5）9 月以降は暖房が必要である。
（6）サハリン・アムール地域の家庭菜園（ダーチャ）の規模は大きく、かつてはジャガイモその他の野菜は基本的に自給していた。
（7）E.A. クレイノヴィチ（1906-85）。ロシアの民族学者・言語学者。ニヴフ民族の言語・文化の研究者。
（8）トゥミ川河口地域での証言。丹菊の調査による。
（9）トゥミ川流域での証言。丹菊の調査による。
（10）昔話などの語りでもたいていそうなっている。
（11）網走市のモヨロ貝塚館にある半地下式家屋はポロナイスク（敷香）から「引き揚げ」たニヴフ人グループが研究者の求めに応じて建設したものである。

(12) 間宮 1811：p.86。調査後に間宮林蔵の口述に従って描かれたものである。
(13) カリマ出身者の証言。丹菊その他の調査による。
(14) pal パルは「山、森」、tol トルは「海、水界」を意味する。nivgun ニヴグンは nivŋ「人間」の複数形で「人々」を意味する。
(15) トゥグムチ島の例。丹菊の調査による。
(16) ただし、この tʰuyr əzŋ トゥグルウズンという表現で「家の主人」つまりその家の最年長の男性を指すこともある。
(17) クレイノヴィチ（1973）p.81 でも報告がある。
(18) ただし、狩猟に関する打ち合わせをしないのは、服部健（1956）p.116、クレイノヴィチ（1973）p.209 に報告されている「男性の兄弟同士で親しく口をきいてはならない」というタブーも関係しているのかもしれない。
(19) 米村喜男衛（1974）p.29 によればホクチ（火口）も入れられる。
(20) 米村喜男衛（1974）p.29, 30 ではニヴフ語で「クミルンガックシ」、日本語では「野ばらの枝」としている。
(21) 米村喜男衛（1974）p.29 によれば、この4つの顔の視線が集まるところが「炉の中心」である。
(22) クレイノヴィチ（1973）p.76。クレイノヴィチは kok コクという語の意味については何もふれていないが、「子供」を意味する qoq と関係があるのではないだろうか。
(23) クレイノヴィチ（1973）p.76。なお、米村喜男衛（1974）p.30 ではポロナイ川河口地域のポロナイスク（敷香）での儀礼が報告されている。
(24) 「犬が戸口の神である」という考え方は久保寺逸彦（1977）の神謡17などの「タヌキが戸口の神になった」というアイヌ民族の伝承を想起させる。それらの話ではタヌキはクマの従者ともみなされている。ニヴフ民族の宇宙観では人間の従者である犬が、アイヌ民族の宇宙観ではクマの従者であるタヌキが、家の守護神となるのである。
(25) クレイノヴィチがここで「イナウ」と呼んでいるのは、棒軸付のものと、削りかけ（アイヌ語でいう kike キケ）だけのものの両方らしい。
(26) クレイノヴィチ（1973）p.77。表記は丹菊が若干改めた。
(27) ニヴフの伝統的宇宙観においては、病気とは基本的に悪霊によるものである。
(28) ニヴフの火の神の概念は、アイヌのそれとはこの点で異なるように思われる。アイヌの宇宙観における火の神は、まず何よりも人間の守護者である。外部から侵入しようとする魔から集落を守る存在でもある。だが、ニヴフの火の神は「守護者」というよりも「仲介者」なのである。
(29) とはいっても、クレイノヴィチによれば神聖な道具で発火された「神聖な火」と通常の火が区別されるなど、火それ自体にも差異はある。また「火の人々」という概念はない。火が「場所」だというのはあくまで一つの側面である。

参考文献

アウステルリッツ，ロバート／中村チヨ（口述）・村崎恭子（編）1992『ギリヤークの昔話』北海道出版企画センター。

菊池俊彦 1995『北東アジア古代文化の研究』北海道大学図書刊行会。

菊池俊彦 2004『環オホーツク海古代文化の研究』北海道大学図書刊行会。

菊池俊彦 2009『オホーツクの古代史』平凡社。

久保寺逸彦 1977『アイヌ叙事詩 神謡・聖伝の研究』岩波書店。

クレイノヴィチ（Крейнович, Е.А.）1973 Нивхгу, Москва.（枡本哲訳 1993『サハリン・アムール民族誌』法政大学出版局）。

高橋盛孝 1942『樺太ギリヤク語』大阪朝日新聞社。

丹菊逸治 2004「サハリンニヴフの昔話（1）」『ユーラシア言語文化論集』第5号、千葉大学ユーラシア言語文化論講座。

ピウスツキ（Пилсудский, Б.）2003 Фольклор Сахалинских Нивхов, Южно-Сахалинск.

服部 健 1956『ギリヤーク 民話と習俗』楡書房。

間宮林蔵 1811（翻刻 1988）洞富雄・谷澤尚一編注『東韃地方紀行他』平凡社。

山本祐弘 1968『北方自然民族民話集成』相模書房。

米村喜男衛 1974（所題は付されていないがニヴフ文化の項目）北海道教育庁振興部文化課編 1974『オロッコ・ギリヤーク 民俗資料調査報告書』北海道教育委員会、pp.26-63。

Ⅳ　イロリと火の民俗学

笠原信男

1. イロリの消長

　イロリは家の床や土間を四角に切り、火を使うために設けられた施設である。家の火として、カマドとともに、常に、どこの家でも見ることができたものである。カマドは炊事専門であるのに対してイロリは調理だけでなく暖房など、複数の機能がある。
　筆者が以前に勤務していた博物館に、移築した民家があり、そこで燻煙のために、イロリに火を入れることがあった。そうしたとき、戸口に立った年配の人は、「なつかしー、この匂い」とほほえんだ。煙の匂い、煙にかすんだ台所はかつての若者には見慣れた光景である。筆者もお客さんから昔の家・イロリの話を聞きながら、小学校5年生まで住んだ茅葺きの家を思い出した。当時、自分の個室はなく、イロリ端で腹ばいになり、暖まりながら本を見ていた記憶も蘇った。煙が立ち込めると煙くてしかたなかった。
　昔は炉辺に漂う煙によって、目を悪くする人が多かったという。スウェーデンの医学者、ツルンベルクは『日本紀行』の中で日本人が「赤眼になり又爛眼」になる原因は「炭の煙（囲炉裏の薪炭の燻煙）」と「便所の臭気・悪ガス」等とした。オランダ海軍の軍医、ポンペも「世界どこの国といえども、日本ほど眼病患者の多いところ」はなく、長崎の「住民の大体8％は眼病にかかっている」とした。
　薄暗い室内を照らす炎は見慣れた景色に陰翳をもたらし、パチパチと爆ぜる

薪の音、揺らぐ炎はどこか神秘的で、見ていて飽きない。ここでは、そうしたイロリと火について、筆者なりの視点で考えていくことにしたい。⁽³⁾

2. イロリの民俗

(1) 呼び名

平安時代中期の承平年間（931～938）に成った辞書『和名類聚抄』に「火炉、比多岐」とある。読みは記されていないが「かろ、ひたき」であろう。室町時代に成立した辞書『節用集』は「囲炉裏（イロリ）」とある。これらの立脚点は前者が火を焚く場所、後者は炉を囲む場所、すなわち人がいる場所である。

イロリは一般的な呼称であり、その他にも多くの呼称が日本列島各地にある。それらの名称は先の『和名類聚抄』と『節用集』の各立脚点に集約され、イロリに関わる多くの呼び名は2つに区分できる。

①「火を焚く場所」（『和名類聚抄』系呼称）：ヒドコ・ヒホド・ヒビト・ヒジロ・ジロ

②「人が居る場所」（『節用集』系呼称）：イロリ・ユルイ・ユルギ・ユリバ・イジロ

火を焚く中央の窪みは「ホド」「ホドナカ」「ヒノクボ」「カマド」等と呼ばれる。江戸時代の仙台方言は焚くところだけでなくイロリ全体を「ホド」といった。昭和50年頃は宮城県の北部で「ロ」、県中部から南部で「ロバタ」、県南部で「イロリ」と呼んでいる。

図1　イロリ端での食事（宮城県加美町）

（2）役割

イロリには調理・照明・暖房・乾燥（衣類・屋根）の４つの大きな役割・機能がある。また、イロリ端は食事や休憩等の一家団らんの場や接客の場であり、家における日常生活の中心であり、イロリは家で最も広い部屋に置かれることが多い（図1）。

調 理

弦鍋（つるなべ）を火にかけ、煮炊きを行う。また魚などを竹串にさして立てかける。わたし金（がね）に餅を置く。温かい灰の中にダンゴやオヤキ、ナス、クリ、サツマイモなどを入れて灰焼きにした。江戸時代の宮城県域では温かい灰を「ホトバイ」、これを用いた調理法を「ホドムシ」といった[7]。

照 明

油やロウソクを燈す照明もあったが、電化以前、部屋を照らすものとして、イロリに勝るものはない。

暖 房

冬季に部屋を暖めるのに最も有効な手段である。背中を温めてから布団に入ることもあった。冬のイロリはもっと暖かくなれと思い、夏はこんなに熱いのかと感じるのがイロリの暖房である。

乾 燥

衣類・食料・生木を乾燥させた。ただし、イロリで洗濯物を乾かすのをタブーとする地域もある。煤が梁や桁、垂木に浸透し、防虫性や防水性を高めた。屋根の茅も煙の作用等で乾燥されたため、長持ちした。

家の中心・象徴

イロリの周りには家族や客が集まった。食事中、夜間は自然とイロリの火を囲んで会話が生まれる。祖父母や父母から息子・孫たちに農作業のこと、ムラのつきあいや家のしきたり、裁縫や料理の技術も伝えられたであろう。「むかしがたり」も行われたであろう。ただし、昼の昔話はネズミに小便をかけられるといって禁じられた[8]。

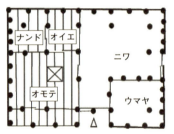

図2 オモテのイロリ（復元）（重要文化財箱木家住宅 15世紀頃 兵庫県神戸市）

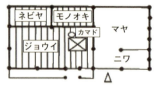

図3 ジョウイのイロリ
（岩手県八幡平市）

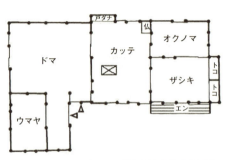

図4 カッテのイロリ（福島県会津若松市）

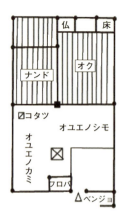

図5 オユエのイロリ
（福井市）

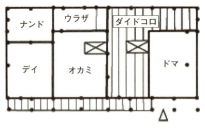

図6 オカミ・ダイドコロのイロリ
（宮城県登米市）

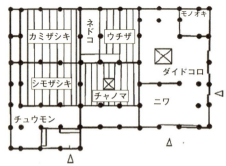

図7 チャノマ・ダイドコロのイロリ
（秋田県由利本荘市）

（3）部屋

　イロリは家族が集まる場所・部屋に設えられている（図2〜7）。イロリのある部屋の名称は地域で異なり、「ジョウイ（常居）」「イマ（居間）」「チャノマ（茶の間）」は家族が集まる、今風にいえばリビングルームの呼称である。「オウエ（御上）」「オユエ（御上）」「オカミ（御上・神）」等は土間の上・奥にある、もしくは神棚のある部屋という意味と思われる。「オマエ（御前）」は神棚の前の部屋であろうか。板敷が一般的だが、かつては、籾殻を敷いて上に筵を延べて床にした、土座に設けていた。

　イロリは部屋の中心には配置せず、中心を避けて設置する。イロリと部屋・床との関係は、①チャノマ等の板敷部屋に設えた部屋炉（図8）、②ダイドコロ等の板敷に一辺を開放した踏ふみ込こみ炉（図9）、③籾殻等を敷いた土間（土座）の踏ん込み炉（図10）、④土間（叩き）に設えた土足式の炉（図11）がある。宮城県の民俗例は③、④の例がなく、②と①の共用が多い。この場合、②は家族用で、隣近所や近い親戚もこちらに通す。①は改まった客をもてなした。土座は叩きの土間と板敷きの中間形態で、宮城県もかつては見られたと思われるが、民家調査が行われた昭和20年代には姿を消していた。わずかに旧仙台藩領の、岩手県一関市大東町の民家が岩手県の北上市立博物館みちのく民俗村に移築され、土座が復元されている。[9]

　享保3（1718）年の宮城県栗原市一迫の「富塚長門除屋敷並びに下中屋敷」（表1）は家の説明に「土地」とある例が多く見られ、敷いていたと思われる「莚」の数が記されている。[10]享保20（1735）年、北上川河口の桃生郡橋浦村（宮城県石巻市北上町橋浦）「居家改書上」（表2）には29軒のうち22軒、約76％が板敷きでなく、「一円土地」とある。[11]これらの「土地」は土座を含んでいる。元文5（1740）年に建てられた気仙沼の家も「板敷はナカマから奥の部屋で、ジョウイは土地であった」という。[12]仙台藩では江戸時代後期の18世紀後半以降、ジョウイやダイドコロの土座が板敷に変わっていったことが想定される。

　18世紀後半、幕府巡見使に随行して東北地方を巡った古川古松軒が残した

図8 チャノマの部屋炉(宮城県加美町)

図9 ダイドコロの踏ん込み炉
(宮城県白石市)

図10 土座の踏ん込み炉(北上市みちのく民俗村の旧佐々木家住宅。一関市から移築・復元)

図11 ドマの土足式のイロリ(北上市みちのく民俗村の旧菅野家住宅、一関市から移築・復元)

表1　栗原郡一迫真坂村「富塚長門除屋敷並びに下中屋敷」享保3年（1718）宮城県栗原市

区分	番号	規模		備考
侍屋敷	①	5 × 2.5		板戸2、筵15
	②	6 × 3	付ひさし2 × 2	板戸2、筵20
	③	8.5 × 4.5	居前通25.5坪板敷	板戸20、のし立1間、明り障子1、筵50、くれえん（表4.5間、裏4間）
	④	7.5 × 3.5	居前通15.5坪板敷	板戸4、しとみ1間、筵29
	⑤	7 × 4	曲屋2 × 2.5板敷、居前通16坪板敷	くれえん2間、小障子2、板戸8、筵12
	⑥	7.5 × 4.5	居前4.5 × 4.5板敷	板戸4、障子1、筵畳34、くれえん折廻6間
	⑦	3.5 × 2		小障子1、畳10
	⑧	3.5 × 2		板戸1、筵4
	⑨	6 × 3	土地、曲屋2 × 2	板戸1、障子1、筵畳19
	⑩	5 × 3	曲屋2 × 1.5、居前通10.5坪板敷	障子1、板戸4、筵20
	⑪	6 × 2		板戸2、筵17
	⑫	10 × 5	居前通16坪板敷	こし障子6、板戸13、畳58、くれえん2.5間、竹えん2間、天井5坪、押込棚1、ろぶち2
	⑬	7.5 × 4	居前通16坪板敷	筵30、板戸6、ろぶち1、押込1、はしり1
	⑭	8 × 2間5尺	曲屋4 × 2（2 × 2板敷）、居前通4 × 2間5尺板敷	板戸4、れんじ戸3、とこ2間、表くれえん3間、裏くれえん1間、筵27
	⑮	7 × 4	居前通18坪板敷	明障子3、板戸14、ふすま2、のし立半間、はしり1、筵35、くれえん折廻7間
足軽屋敷	①	5 × 2.5	土地	筵5、す戸3
	②	6 × 3	3尺四方下屋	筵11、戸2
	③	6 × 3	土地	板戸3、筵18
	④	7.5 × 4	土地	板戸3、筵32
	⑤	7 × 3.5		板戸2、筵畳19
	⑥	6.5 × 3.5	土地	板戸2、筵14
	⑦	5.5 × 2.5		板戸2、筵15
	⑧	5.5 × 2.5		板戸1、筵5
	⑨	5 × 2.5	土地	板戸1、筵17
	⑩	6.5 × 3	土地	板戸2、筵18
	⑪	6.5 × 3		板戸2
百姓屋敷	①	7.5 × 4	土地、四方3尺下屋、3間梁	板戸3、筵畳36
	②	7.5 × 4	土地、四方下屋	板戸4、筵20
	③	8 × 4.5	四方下屋、居前上通18坪板敷、外下屋11間	障子2、板戸14、床畳1、くれえん（上の間6間）、押込棚1間、筵畳18、筵16
	④	8 × 4.5	四方3尺下屋、居前通18坪板敷	板尺12、筵37、押込半間、くれえん折廻7間（竹えん2.5間、くれえん4.5間）
	⑤	9 × 4.5	居前通22.5坪板敷	板戸14、腰障子1、押込1、筵14、くれえん折廻9間
	⑥	6 × 3		板戸3、筵16
	⑦	6 × 3	土地	板戸2、筵17
	⑧	7.5 × 4	四方3尺下屋	板戸4、筵20
	⑨	5.5 × 2.5	土地	板戸2、筵6
	⑩	7 × 3.5		板戸2、筵20、ろぶち1
	⑪	7.5 × 4		板戸5、筵畳23

表2　桃生郡橋浦村「居家改書上」享保20年（1735）（宮城県石巻市北上町橋浦）

内　容	軒数	規　模	備　考
長押　板敷	1	長10間・横4間のうち板敷が長7間・横4間	享保4年（1719）以前建築、明和6年（1769）、長12間・横6間に建て替え。
板敷	5	長7間・横4間のうち板敷が長5間・横4間	享保4年（1719）以前建築
竹えん	1		享保4年（1719）以前建築
一円土地	7		享保4年（1719）以前建築
一円土地	15	長3間・横2間半（水呑の家）、長6間・横3間等	享保4年（1719）以後建築
計	29		

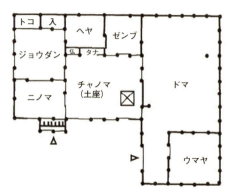

図12　名主の家の土座（山形県上山市）
　　　イロリのあるチャノマが土座の部屋

『東遊雑記』に、山形や秋田は土間の家が多いとしている。このうち、山形の鶴岡で「在中十軒に八軒までは土間住居なり。貧家にて土間にするにもあらず、国風なり」と述べている。雪の多い地域では、温かい土間（土座）を好み、敢えて板敷にしなかった（図12）。

（4）イロリの設備

炉　縁

　木製のイロリ枠で、平面形は正方形と長方形がある。長方形は幅120〜150 cm、長さ180〜270 cm、深さ30 cmほどである。サクラ・ナシ・クルミ・ケヤキ・クリなどの硬い材が用いられた。

　形状は正方形もしくは長方形で、わずかに対辺の長さを違えている場合もある。また4つの角の合わせ方のうち1つを変えていることもある。設置する位置も部屋の中央を避けており、イロリは左右対称・左右均衡といったバランスを回避させた例が散見される。

灰

　イロリの中に木灰を入れ、五徳を支え、竹串を立てやすくした。藁灰は軽く、竹串を支えられないため、使わない。灰を水に浸して上澄みをすくった灰汁はワラビやゼンマイなどの山菜やトチの実などのアク抜き、茶碗洗いや洗濯の洗剤、布を紺色にする藍染めなどに使われた。また、作り酒屋や製紙、陶器作りにも用途があり、江戸時代は灰を扱う商人もいた。ジャガイモは「半分に切り、切り口に木灰をたっぷり塗」り、種イモの殺菌、消毒、防腐をしてから畑に埋めた。(14)

火　棚

　上部に設けられた木製・竹製の棚で、上方に上がる火の粉を防ぐとともに煙や熱を拡散させた。ベンケイや濡れた服を乾かした。

ベンケイ

　縦長、筒状の竹製カゴにワラを詰めて火棚に下げ、川魚などを竹串に刺して乾燥させ、保存食や出汁にした。

自在鉤

　天井から吊るした。筒に通した鉄や木の軸の先端に鉤を付け、弦鍋や鉄瓶をかけ、火との高さを調整した。鉤のやや上の横木は鉤部分の高さを変えるためのもので、木製や金属製があった。木製では火除けを込めて水に棲む魚形が多く、金属製は縁起のよい松竹梅の図柄等があった。

薪　箱
踏ん込み炉の末端に設けられた貯蔵施設で中に薪を入れた。また、火打箱や凍ると味が落ちるサツマイモなどを入れた。

（5）イロリの道具

火　箸
金属製の長い箸で、炭や薪を移動して火力の調整を行った。

灰ならし
金属製のヘラで、先端は波状をしている。火留めで、埋み火（うず）にする際、灰をならし、縞や波の文様を描いた。

火吹き竹
長さ 30 cm ほどの竹筒で、先端の節だけを残して節をくりぬき、先端に小さな穴を開けてある。吹き口から息を吹き入れると先端の坑から風が勢いよく吹き出す。火勢を強めた。付け木が普及する前は、ホクチに移した火花を炎にするのに用いた。

五　徳
鉄製の円形枠で三本の足を灰に挿して固定した。火を中に入れ、上の円形の輪に鍋などを置き、煮炊きした。また、隅に置き、鉄瓶等の置き場にした。茶道での使用法や絵巻に描かれた五徳は上下逆で、円形枠を灰中に入れて固定している。

わたし金
金属製の弧状あるいは長方形で、4 本の足を灰に挿して固定した。オキビを下に入れ、上にモチやダンゴを置いて焼いた。

十　能（じゅうのう）
柄に木製の棒を嵌め込んだ小さなスコップ。炭を追加し、また、オキビを移動した。

火消し壺
燃えさしの炭や薪を入れて、蓋をして消し炭にした。

図13　火打箱（1）・火切金（2）・火打石（3）

図14　付け木

アクとおし

金属製のフルイ。灰に混じっている雑物を取り除いた。

弦　鍋

鋳物製の調理用鍋。自在鉤にかけて使う。丸底で底に突起がある。五徳にも置いた。蓋は木製である。東日本では「飯を炊くにもおかずをたくにも弦の付いた鍋が多く用いられ」、「西日本では釜が発達した」という[15]。

鉄　瓶

鋳物製の弦付き容器で、自在鉤にかけて、湯を沸かした。東日本に「鉄瓶が発達したのに対して、西日本では湯をわかすにも茶釜が多く用いられた」という[16]。茶釜は五徳にかけた。

火打箱

長さ30cm、幅10cm、深さ10cmほどのケヤキ製で中に火打石・火打金・ホクチを入れた（図13）。

ホクチ

　火打石に火打金を打ちつけて削れた鉄片の火花をホクチに移し、その火を付け木にあてて炎を作った。綿、ツバナ、蒲の穂を蒸し焼きにしたものに煙硝に炭や染料で赤黒色等に染めたホクチが売られていた。自家製はヨモギから作った。岩手県陸前高田市では腐ったヤナギの木を焼いたもの、あるいは「クマノフクジ」と呼ぶ茸、サルノコシカケを砕いて使った。[17]

付け木

　火種から火を起こす際に使う（図14）。松や桧を薄く剝いだ長さ15cm、幅5cmほどの木片の一端に硫黄を塗り付けたもので、細く裂いて用いた。宮城県北東部、太平洋岸の気仙沼では文政年間（1818～30）頃に使われ始めたと見られている。[18]付け木は明治初年に国産化された燐寸（まっち）の普及によって次第に姿を消した。燐寸はホクチと付け木を兼ねたもので、明治中期以前は摺付木（すりつけぎ）と呼ばれていた。

（6）火の管理

　火の管理は主婦が行った。一日の終わりに太い燃えさしを埋めて灰をかけ、火留めをした。翌朝、残り火から付け木に火を移して小枝に焚きつけた。主婦は火種を絶やさないように細心の注意を払った。間違って火種を絶やすと隣からもらった。宮城県内には火種を絶やさない呪法があり、火留めに盛った灰の上に火箸を交差して立てた。また、かつては主婦が就寝前に板の間に尻をめくって陰部を押し当て、家中の残り火の有無を確かめる行為もあったという。

（7）作法

　多くの場合、家族がイロリに座る場所は決まっている（図15）。宮城県で、イロリの上座で主人の座を県全域で「ヨコザ」、その対面の下座も広い範囲で「キジリ」といっている。これらの名称は他県と同じである。一般的にはキャクザ、カカザと呼ぶ、上座右の客座はミナミザもしくはオトコザシキ、その対面はキタザもしくはオナゴザシキとしている。[19]

完成した新しい住居に生活用具を持ち込むことを家移りと呼ぶ。新宅にまず持ち込むのは神棚、あれば位牌、それに火・水である。火の場合は火種が多く、中にはイロリの灰や自在鉤をいち早く持ち込んだ。宮城県内で自在鉤を重視したのは、県北西部の栗原市、県南の村田町、火種をまず入れたのは県北中央部の登米

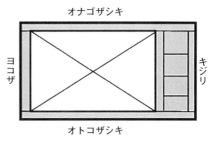

図15　イロリに座る場所の名称
　　　（宮城県の例）

市、県南の白石市・角田市、イロリの灰を重要視したのは県南西部の七ケ宿町であった。[20]

　イロリを使用しないとき、灰をならしてきれいにし、秋田県では「炉の神の歩く道」を「炉の壁側に添って、細いミゾを引きめぐらしていた」という。[21]

（8）禁忌——穢(けが)れた火を避け、清浄・聖性を保つ——

　イロリに関わる言い伝えは全国にあり、共通したものも多い。そうした例を見ることでイロリをどのように見ていたか、そのイメージを垣間見ることができる。[22]

① くべるものを選択し、不浄を避ける

　神道には罪や穢れ、災厄などの不浄を心身から取り除くため「祓え」という神事・呪術がある。須佐之男命が高天原で暴れたことを憂いて隠れた、天照大神が天岩戸から出てきた後、須佐之男命は、彼が犯したその罪を償うために、贖(あがな)いものとして髭と手足の爪を切られ、高天原から追放される。命の身体から離れた髭と手足の爪は彼の罪や穢れを負ったもので、これを川に流すのが「祓え」である。転じて、身体から遊離した髭と手足の爪は穢れたものとされた。

　爪・髪の毛・つばをイロリに入れてはいけないのは、不浄を嫌う神聖な場としてイロリを見ていた証であろう。ネギをくべるのがいやがられたのは、香味

野菜ゆえのにおいを避けたためと考えられる。また、爪や髪の毛、卵の殻などのタンパク質も燃やすと独特の臭気を発するため避けられた。柿やミカンなどの果物の種は口から出すことによるつばの付着による不浄、茶や水も呑み残しによる不浄を避けたと思われる。

・炉端で爪を切るとドス（癩病）、あるいは気狂いになる（宮城県）。
・囲炉裏に爪を入れると火傷をする（秋田県）。
・切った爪をいろりに入れると親の死に目に会えない（富山県）。
・爪を火にくべると狂人になる（新潟県）。
・爪を火にくべると気が狂う（愛媛県）。
・髪の毛を燃やしたりすると狂人になる（愛媛県）。
・髪の毛や爪を焼くと腸チフスになる（宮城県）。
・囲炉裏に髪の毛や爪を焚くな（山形県）。
・髪の毛や爪をくべると罰があたり、指が曲がったり、伸びなくなる（大分県）。
・囲炉裏につばをしてはいけない（山形県）。
・囲炉裏にお茶をこぼしたり、つばを吐くと病気になる（秋田県）。
・柿の種をくべるとドス（癩病）になる（宮城県）。
・柿の種を火にくべると客が来なくなる（宮城県）。
・ナンバン（唐辛子）や柿の種を燃やすと火難にあう。これを慎むとお火神様が守ってくださる（宮城県）。
・囲炉裏に柿の種を入れると癩病になる（秋田県）。
・いろりへ茶や水、それに柿の種を捨てると家に病人が絶えない（富山県）。
・柿の種を火にくべると荒神様がいやがる（新潟県）。
・夏にネギを火にくべると落雷がある（宮城県）。
・ネギをくべると神様が嫌う（山口県）。
・蜜柑の皮を火にくべると肺病になる（宮城県）。
・蜜柑を皮のまま焼いて食べるな、肺病になる（宮城県）。
・ミカンの皮を火にくべると貧乏する（山口県）。

- みかんの種を火にくべると七代貧乏する（鳥取県）。
- 卵の殻を火で焚くと子宮を病む（山口県）。

② 調理するものを選び、穢れを避ける

江戸時代以前は仏教の影響もあって、肉をあまり食べなかったという。食べる場合は、穢れを避けてイロリは使用せず、別火で調理したのであろう。
- 囲炉裏の中で二足、四足の肉類を煮ることや、その汁をこぼすことは禁じられている（秋田県）。
- 炉で四足・二足の煮炊きはしない（山形県）。
- 肉類の煮炊きは絶対にイロリではしない（新潟県）。

③ きれいに使い、清浄を保つ

イロリをきれいに使うことは常に重視された。ワラを燃やさないのは軽いワラ灰を嫌ったのであろう。
- 囲炉裏を汚すと病人が出る（秋田県）。
- いろりの隅をきれいにしておかないと病人の絶え間がない（長野県）。
- 囲炉裏の灰を掘って穴を開けたり、火箸を埋めたりするとアクバンバ（アグ坊主）が出る（秋田県）。
- 子供がいろりに粗相をすればその部分の灰を取りのけて塩で清め荒神様にお断り申した（大分県）。
- 囲炉裏の神は便所神と同様に手がないので、常にきれいにしておかなければならない（秋田県）。
- 囲炉裏にネジ木やワラ屑を焚いてはいけない（山形県）。
- 囲炉裏に縄をくべるな（宮城県）。
- 縄はイロリで燃やしてはいけない（新潟県）。
- いろりへ汚いものをくべると火の神様にひっぱり込まれてやけどする（長野県）。
- いろりの火を二人で吹くな（富山県）。

- 火を燃やすとき、両方から吹きあってはいけない（新潟県）。
- 火を吹き消すとき、二人で吹いてはならぬ（愛媛県）。
- 木は逆さくべにするな。元をそろえて焚くものだ（新潟県）。

④ 設備・道具の禁忌

　不幸や貧乏等と結びつけて、イロリの設備・道具をどう扱うべきか、正しい使い方を導いている。

- 炉縁は親父の頭と同じ。炉縁を傷つけるのは親父の頭を傷つけるようなもの（山形県）。
- 炉縁を叩けば貧乏神が喜ぶ（宮城県）。
- 炉の縁を叩くと貧乏になる（秋田県）。
- 炉を小さく作り直すと貧乏になる（山形県）。
- 炉の自在鉤を北向きにかけると不幸になる（秋田県）。
- 鉄瓶や薬罐の口を北向きにするな（宮城県）。
- 炉の鉤を動かすと貧乏になる（山形県）。
- 自在鉤を揺り動かす子供には「ジデサマ動かすとおじきが流れる」と叱った（大分県）。
- 炉の鉤を取り換えるのは正月か死人が出たときだけ（山形県）。
- カギツケには空鍋をかけるな。寝るときは火の神にも休んでもらうため何もかけるものではない（新潟県）。
- 炉に火箸を二組おくと財産が二つになる。三組おくと火事が起こる（宮城県）。
- 夜に囲炉裏の灰に火箸をX型に立て、灰ならしを中央に立てると盗人が入らぬ（秋田県）。

3. 火の民俗

(1) 火の神と発火法

火の神は、『古事記』上巻に火之夜芸速男神、またの名は火之炫毘古神、さらにまたの名は火之迦具土神と記されている。『日本書紀』は本文に火の神の記述はなく、巻第一神代上のある書第二、第四、六、七、八は軻遇突智、第三は火産霊を火の神としている。

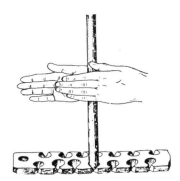

図16　火切臼・火切杵の発火法

『古事記』においては、火の神を産んだ伊耶那美命は、女陰を火傷し、それがもとで死亡する。妻の死を嘆いた伊耶那岐神は火の神を斬殺する。すると、遺体から奥山、端山、里山などの山の神が成る。

『日本書紀』巻第一神代上のある書第二に、伊奘冉尊が生んだ火の神、軻遇突智が妹である土の神、埴山姫を娶り、生まれた稚産霊の頭の上から蚕と桑が生じ、臍の中に粟・稗・稲・麦・大小豆の五穀が生まれたとある。火と土から穀物ができたとする神話である。作物を作る「はたけ」を表すのに「畑」と「畠」の漢字がある。ともに日本で創られた漢字、国字とされている。両者の違いを、日本民俗学の創始者、柳田国男は「九州の山地では、今日なお明らかに畑と畠とを区別して居ります。畠は字のごとく白田でありまして、常畠、熟田のことです。畑はすなわち火田、焼畑であります」と述べている。表記の違いは火を用いる一時的なハタケと常のハタケを区別していたことによる。

神話に見られる発火法は火切臼・火切杵（図16）によるものと火打金・火打石（図13）によるものの2種がある。前者は木製の板（火切臼）の窪みに立てた木の棒（火切杵）を回転させ、摩擦で火種を起こす。大国主神の国譲りで、大国主神は「海布の柄を鎌りて燧臼を作り、海蓴の柄を以て燧杵を作りて」火を起こし、天降りして来た神をもてなした。

後者は玉髄、チャート、石英などの硬い石（火打石）に鉄（火打金）を打ち

つけて火花をホクチに落として点火する。『古事記』中巻に使用例があり、第12代景行天皇の御代、東国平定を命じられた倭　健　命（やまとたけるのみこと）は、叔母の倭比売命（やまとひめのみこと）から困ったら使いなさいと火打石と火打金が入った袋を授かった[28]。あるとき、東国で野原に誘い出され火に囲まれる。困った倭健命は火打石と火打金で迎え火を起こし、難をのがれた。

　後世、火打金に火打石を打ちつけ、出掛ける人の背後に火花を打つ、「火打ち」が行われた。調理や暖房用に火を起こす際と、打ちつけ方を逆にした火花で、悪魔祓い、清めを行う呪法である。鳶職や花柳界、落語界などでは、現在も行っているという。

（2）火が悪い――穢れの火・清浄の火――
　出産や死は穢れとされ、その家は「火が悪い」とされた。穢れは血縁者だけでなく、縁者にも及ぶ。宮城県ではこれを「ヒガカリ」という。産後のヒガカリは21日間で、うち最初の7日間は家人も仕事を休む。死後の喪明けは49日とも100ケ日ともいい、その間は諸事を慎む。穢れは火を通して感染するとされ、「ヒガカリ」でない者は火の悪い家の、火を通したものを飲食しない[29]。

　一般的に、穢れは神道や仏教における観念で、内面が汚れて悪しき状態のことである。罪と併せて「罪穢れ」と総称されることが多く、罪は人為的、穢れは自然発生的とされる。死・疫病・出産・月経、また犯罪等によって身体につくとされ、穢れた人は祭事に携わることや狩猟者・炭焼などでは山に入ることなど、共同体への参加が制限された。

　生者が死界の穢れた火で調理した食事を避けることは『古事記』の黄泉戸喫（よもつへぐい）に見られる。これは黄泉国（よみのくに）のへ（カマド）で調理した料理を口に入れることで、火之迦具土神を産んだことが原因で亡くなった伊耶那美命は、生界に戻そうと迎えに来た伊佐那岐命に、「自分は黄泉国の火で煮炊きしたものを食べたからもはや帰れない」と答えている[30]。

（3）異界からもたらされた火

　宮城県には人の顔を土や木で作った面をカマド近くにまつる。これをカマ神と呼んでいるが、この面をまつる起源話からも、火が異界のものであることやカマ神が異界から来たことがうかがえる。

　火はこの世とあの世の二つの世界を行き来できるとされた。国譲り神話で大国主神が天つ神をもてなすために用いた、海藻から作った火切臼と火切杵は、海中（竜宮）から火がもたらされたことを意味している。ただし、異界といっても黄泉国の火は日常生活では忌避され、祭事等では宝をもたらしてくれる、竜宮界の火が受容されたのである。

（4）永続の火

　滋賀県の比叡山延暦寺の根本中堂に吊られた燈籠（とうろう）は、伝教大師が天台宗を開いた 788（延暦 7）年以来、灯り続けている「不滅の法灯」とされる。東北地方では山形市の天台宗立石寺にも法灯が伝わる。岩手県平泉町の中尊寺は、同寺が 1958（昭和 33）年に天台宗東北大本山に就いた際に延暦寺から分灯した法灯がある。真言宗の開祖、弘法大師の「きえずの火」は、広島県宮島・弥山（みせん）の霊火堂のイロリに伝わる。806（大同元）年以来という。2005（平成 17）年に堂は焼失したが、霊火はいち早く難を逃れたという。

　「火を清く長く保つことは同時に家の永続をも意味」し、「木曽の山村には何代も炉の火を絶やさないできた伝承を持つ家」があったという[31]。新潟県南魚沼市大倉の草分けの家では大正初期までイロリの火は絶対に消さなかったという。福岡県粕屋郡新宮町上府のある家のカマドには「伝教大師が唐土より持ち帰った火種によると伝える"消えずの火"が保存」されていた[32]。この火は 2011（平成 23）年に福岡県太宰府市の天台宗妙香庵に引き継がれた。

（5）更新の火

　宮城県では、大晦日の夜はイロリの火を「部屋の四隅が見えるほど焚け」という（図 17）。早寝をすると早く歳をとるといい、家族はイロリ端で過ごす。年

図17　年越しの大火（宮城県仙台市）

が明けると、イロリの火をとめ、正月の神をまつる部屋のイロリを年男が塩と水で清め、豆殻等を焚きつけに新しく火を起こし、神々に供える物を煮炊きする。

宮城県北部では小正月の夜、家人が寝静まってから当主夫妻が「炉回り」をした。夫が「どこさ宿をとるべな」といいながら家の周囲を回ると妻が招き入れる。その後、イロリの火をどんどん燃やし、裸で四つん這いになって、夫が「粟穂が下がった」と唱えると、背後で妻が「実いって割れた」と唱え、イロリを三度回る。新しい年の穀物の豊作をうながす行事である。

代替わりに火を更新する例もある。大国主神をまつる島根県出雲市の出雲大社では、宮司である出雲国造の代替わりに火が重要な役割を果たしている。出雲国造火継式である。出雲国造の祖神は天穂日命である。この神は天照大神の子で、天孫降臨に先立って地上に遣わされたが、国の統率者である大国主神に味方して3年間、高天原に戻らなかった。1947（昭和22）年に行われた火継式は以下であった。

前国造が死去した際、その嗣子はただちに社内の斎館に籠もって潔斎した後、国造家に古代から伝わる「火燧臼・火燧杵」を携えて、松江市八雲町の熊野大社に参向する。そして熊野大社の鑽火殿にて火燧臼・火燧杵によって火を起こし、切り出された神火によって調理された食事を神前に供え、自らも食べる。その後、松江市大庭町の神魂神社において饗宴を受けて、出雲大社に戻り、奉告の儀式を行い、終了する。

この儀式で作られた火はその後、出雲大社国造館の斎火殿にて保存される。国造は在任中、この火によって調理したものを食べるが、国造以外は家族で

あっても口にすることは許されない。火継式の火で調理されたものを食べることによって、天穂日命以来、代々の国造の霊魂を自らの中に取り込むのだとされている。[36]

4．カマドの民俗

（1）カマドの名称とカマド神

カマドは物を調理する釜のあるところの意である。他の呼び名に「クド」「フド」「ヘツイ」「ヘッツイ」などがある。

「クド」はカマドの後ろにある煙出しの穴をいう。京都府ではカマドを「オクドサン」と呼ぶ。「ヘツイ」の「ヘ」だけでもカマドをさす。『古事記』でのカマドの神は須佐之男命の子、大年神の子で「奥津日子命、奥津比売命、亦の名を大戸比売神。これは人々が拝み祭る竈の神である」と記されている。[37]

一般にカマド神はカマドやイロリ、台所などの火を使う場所にまつる。カマドをまつるのは全国的で、宮城県から岩手県の南の地域では面をカマド神とし、カマ神と呼んでいる。東日本ではお釜様、関西では荒神、近畿・中国地方では土公神、ろっくさんと呼んでいる。

荒神は清浄を尊んで不浄を排する神ということから火の神につながったとされる。陰陽道の神でもある土公神は、春はカマド、夏は門、秋は井戸、冬は庭へ移動する。神道では奥津日子神・奥津比売神・迦具土神が竈三柱神である。

カマドは土間片隅の暗い場所にあるため、カマド神を影や裏の領域、異界とこの世の境界神とする考え方がある。また、気性の激しい神で、粗末に扱うと罰があたるとされる。日本の神は10月に出雲へ行くが、カマド神は1年中在所に留まっている。

（2）イロリとカマド

イロリもカマドも全国に普及したが、東日本はイロリの文化、西日本はカマドの文化が基盤にあるとする説が唱えられている。

図18 カマドとカマ神（宮城県蔵王町）

昭和30年代に行った民俗調査をまとめた「日本民俗地図」によれば、カマドのみを使い、イロリを持たない地域は関東地方以西に多い。それも東海地方、近畿地方から瀬戸内地方、九州北部に濃密である。一方、イロリのみの地域は東北から北陸地方に多い。カマド専有が多い西日本でも、中国山地・九州南部にイロリ専有地域がある。

江戸時代、武士は「東日本の家には、囲炉裏があったが、西日本にはそれがなく、竈だけであった。これにくらべて農民の家には、東日本、西日本ともに囲炉裏があった。ただし東日本の家ではそこで煮炊きするが、西日本の家では竈で煮炊きし、囲炉裏は採暖と湯沸かし程度につかう」という。

民俗学者として全国3,000以上の村を巡り、民衆の生き方を究明した宮本常一は、イロリとカマドの分布範囲と米の調理法の違いを合わせて説明した。「東北全体を歩いたときには、一般民家ではかまどを持たず、囲炉裏に鍋をぶらさげて煮炊きをしているのを見ることのほうが多かった」のに対し、「西日本では深いかたちの釜が発達して、かまどでものを煮ます。もともと蒸していたのですが、煮るようになってからも蒸す手法が飯の炊き方に残り」、「釜の上に厚い大きな蓋を置き、ノリが吹き出すと、さらにその上に重しを載せ、吹きこぼれると火を引いて蒸す」のがおいしい炊き方という。「関東・東北は鍋でご飯を炊き、その蓋は中に入り込むようになって」おり「蓋のところからブクブクあわが出てくると、吹きこぼさないために自在鉤で鍋」を火から遠ざけて調節した。

米から飯を作ることを「炊く」という地域が多い。しかし、岩手・宮城・福島の東北地方太平洋側、群馬・埼玉の関東地方西部、山梨・長野・静岡・岐阜

の中部地方、中国山地、四国や九州の山間部、沖縄県では「煮る」を使った。これは「囲炉裏の鍋で湯取り法によって飯を煮た名残とされる。炊くは竈で炊き干し法が早くに普及した」地域での使用とされる。宮本馨太郎はご飯をイロリの鍋で煮て作るのはカテ飯の名残とする。釜は元来湯を沸かすためのもので、飯を炊く道具に使ったのは比較的新しく、ご飯は鍋で作る地方が多かったとし、その上で「湯取り法によって大根や芋を混ぜたカテ飯そして麦飯をつくる炉の鍋から、竈釜の使用へと変化させたものは、米食の普及にあった」とする。

イロリからカマドへの変化は、新潟県魚沼地方では大正期頃からで、カマドの所有状況は1932（昭和7）年に78％であった。鳥取県の山間部では昭和20年代までイロリを使い、カマドはなかった。宮崎県東臼杵郡椎葉村のある家は1962（昭和37）年にカマドを備え、それからイロリはあまり使わなくなった。

（3）カマ神の起源話から見るカマドの性格

宮城県から岩手県の南の地域では木製や土製の面をカマド神としてまつっている（図18）。一般にカマ神といっている。この地域には家にカマ神をまつるようになった話が伝わっている。

① カマド神由来譚からの変化

カマド神をまつる由来は約650年前の南北朝時代に成立した『神道集』にある。「福分ある女と貧運をもつ男が結婚して栄えたが、女を離別してから男は零落し、後で再会したとき女は長者に嫁していた。男は恥じて死に竈の後に埋められて竈神になった」という話である。

これをカマ神の起源話にしたものがある。「（宮城県大崎市岩出山字真山）ある女が嫁に行ったが、働きが悪いといって出されてしまった。その家では後に働き者の嫁をもらうけれど、まもなく潰れてしまった。その家の男は乞食になり、方々歩くうちに前に出した女の家に行った。女は握り飯や銭を与え、男をその家の竈の火焚きに雇う。しかし、男は竈の前で死んだ。そこでこの男を竈

神さまとして祀った」。

② カマ神の起源話
貧しい縁者
「(宮城県登米市東和町米川)あるところに盲目の婆と息子夫婦がいた。婆が夜に虱(しらみ)がたかるので虫の子をかじっていたら、嫁が息子に糯米(もちごめ)を盗んでかじっているから山に捨ててきたほうがいいと告げ口した。そこで息子は柴の上に婆を乗せて山へ行き、マッチを忘れたといって家に戻ってしまう。一晩待った婆が虫の子をかじっていると、風鈴を鳴らしながら来た人が、婆の姿を見て驚いて風鈴を投げて逃げ出した。婆が風鈴を拾って鳴らしていると、突然目が開き、更にすっかり若返った。山を下りて足の向くまま歩いていると立派な家の前に出た。そこで使われているうちに娘にもらわれ、婿をとってもらった。ある日留守をしていると箕売りがやって来た。よく見たら落ちぶれた息子なので驚き、一つ買ってやろうとして、裏の畑の旦那殿を迎えに行き戻ってみたら息子は炉に入って黒焦げになっていた。そこで母親は息子を持ち上げて臼持柱にべったりぶつけた。これが今の釜神様の起こりだという」。

福運の訪問者
異界の人や他人を受け入れたところ、福をもたらしてくれたので、カマ神としてまつった例がある。
(A) 竜宮童子(海神の使い)
「(登米市南方町青島)昔、信心深い爺と婆がいた。爺は毎年、山から門松を迎えるとき竜宮様に上げ申すといって途中の川に流していた。ある年取りの晩、口の曲がった醜い男の子がやって来て、しょうとくという者だが置いてくれといった。貧乏だからと断るが、飲み食いしないし、庭の隅に寝るだけでいいからというので仕方なく置いた。翌朝目覚めると、家が立派になっていたので驚いた。そこに見知らぬ娘と男がやってきて、今からこの家の嫁と婿になるという。それから爺と婆はなに不自由なく暮らすようになった。孫が生まれ、兄弟喧嘩ばかりするので婆が「なぜ喧嘩ばかりするのか。しようとく悪い」と

口癖のようにいっていた。ある日、以前に置いた男の子がいつも「しようとく悪い」というから出ていくと言い出したので爺はお前のことではないといったが、男の子は出て行ってしまった。次の朝、目覚めたらもとの荒れた小屋になっていた。それでもしょうとくのお陰で楽しい暮らしができたので、その顔を彫って毎日拝んだ。それが今の火男だという⁽⁴⁸⁾」。

(B) 山の神童子

「(岩手県奥州市江刺区) 山に柴刈に行った爺が大きな穴を見つけた。悪いものが住むから塞いだほうがいいと思い刈った柴を全部穴に入れてしまった。すると中から美しい女が出てきて、柴の礼にいい爺を穴の中に招いた。中の家には、白髪の翁がいて柴の礼をいった。種々御馳走になって帰るときに、醜い顔で臍ばかりいじっている童を貰って来た。その童は爺の家に来ても臍ばかりいじっていたので、爺がある日火箸で突いてみると臍から金の小判が出た。それからは1日に3度ずつ出て家は忽ち富貴になったが、欲張りの婆がもっと多く金を出そうと爺の留守に火箸で童の臍を突くと童は死んでしまった。帰った爺が悲しんでいると、夢に童が出て、俺の顔に似た面を作って竃の前の柱にかければ家が富むと教えた。童の名はヒョウトクといい、この土地では醜い面を木や粘土で作って竃前の柱に掛けておく⁽⁴⁹⁾」。

(C) 大歳の客

「(登米市東和町錦織) ある百姓屋で、嫁をもらって初めての年越しの晩、舅が火打石とふくじをそろえておいたから、明朝火をたきつけろと嫁にいった。嫁が休んだ後に姑がそれを隠してしまったので、翌朝嫁は途方にくれた。雪が降っていて隣から火種をもらうこともできず泣きべそをかいていると、むこうにボーッと火が見えたので走って行った。見ると恐ろしい顔をした大男が菰包みに腰をかけて豆殻を焚いていた。恐る恐る火種を分けてくださいと頼むと、男は菰包みを7日間預ってくれるならと、家に案内され納屋に筵をかけておいた。しかし、7日間過ぎても取りに来ず、正月も15日になってしまった。家の人が納屋を掃除して仕事を始めようと言い出したので、嫁は心配になり隠し直そうと納屋に行ってみたところ死人の菰包みなので驚く。移そうとしたが重

いので開けたら金の延べ棒であった。大男はとうとう現れなかったのでその家は金持ちになった。それから正月に豆殻で火を焚きつけるようになった。恐ろしい顔の男が福を招いたので、火の用心と宝授けの神として釜神様にまつった」。[52]

(D) 乞食

「(登米市東和町楼台) あるところの旦那殿が一人の乞食を家に泊めたところ、その乞食は働かないでところかまわず排便した。しばらくすると乞食は何処へともなく旅立った。その後で竈の側をみると便が黄金になっていた。そこでこの乞食を神としてまつった。これがカマガミサマであり繁昌の守り神である」。[53]

　これらから導かれるカマド、カマ神のイメージは以下である。
　異界とこの世界の価値は反対であり、異界で価値のないものはこの世で価値あるものである。カマドは異界との通路・出入り口であり、異界の貧しい縁者、醜い恐ろしい姿、便・臍のゴミ・死体は、この世で富んだ縁者、立派な姿、黄金の価値を持つ。異界の人をまつるカマ神はこの世の福の神である。

5. 新たな火の民俗へ

　縄文時代以来の竪穴建物にある地床炉(じしょうろ)、石囲炉(いしかこいろ)が民家で普及するイロリの原形と見れば、イロリの発生はさらに古くなる。しかし、6世紀の古墳時代後期から平安時代までの約500年間、竪穴建物にはカマドがあり、地床炉は皆無である。このカマドの時代を経て、イロリが再び目立ってくるのは平安時代である。東北地方では、例えば11世紀代の岩手県北上市岩崎台地遺跡群等で検出された、壁際に柱穴のある建物の床から炉(イロリ)が見つかっている。[54]絵画では平安時代後期の「信貴山縁起絵巻」に描かれたのが古い例である。京都・大山崎とされる長者の家が描かれ、その台所の一角に太い炉縁のイロリがある。[55]

日本列島の歴史は火と共に発生し、イロリやカマドとともに発展して、家の民俗として定着していった。今やその生活は大きく変わり、イロリはおろか、家で火を使うこともほとんど無くなった。調理はIHクッキングヒーターもしくは電子レンジで充分であり、照明はスイッチ一つでLED電灯が隅々を照らし、冷暖房はエアコンとストーブ、衣類の乾燥は乾燥機で行う。家にはイロリが醸し出す特有の香りもない。煤が出ないので、1年間の煤を除いて清めた、年末の煤掃きも必要ない。反面、煙に起因する眼病やアレルギーに悩むことはなくなった。人口が集中した都市部では、暖房によってイロリの需要が増す冬季は大気汚染が憂慮されていたかもしれない。いずれ、あと数十年も経てばイロリ・カマドの体験者はごくわずかになってしまう。私たちは長い歴史の層に重ねられたイロリ・火の民俗を基層にして、新たな生活の民俗を紡ぎ出しているのである。

註
（1）山田珠樹訳註 1941『ツンベルク日本紀行』奥川書房、p.443。
（2）沼田次郎・荒瀬進共訳 1968『ポンペ日本滞在見聞記』雄松堂書店、新異国叢書第1輯第10巻、p.348。
（3）本章執筆に際し、以下の文献から大きな示唆を受けた。柳田国男 1963『火の昔』角川ソフィア文庫（1944）。有賀喜左衛門 1968「イロリと住居」『有賀喜左衛門著作集』第5巻未来社（1948）。郷田洋文 1958「いろりと火」『生活と民俗Ⅰ』日本民俗学大系第6巻、平凡社。
（4）国立国会図書館デジタルコレクション『和名類聚抄』「燈火部―燈火器」コマ番号［6］-34。国立国会図書館デジタルコレクション『節用集』コマ番号［4］。鹿児島大学附属図書館マイクロデジタル『節用集』コマ番号［3］は「囲炉裡（イルリ）」とある。
（5）菊池武人編 1995「濱荻　仙臺江戸」『近世仙台方言書　翻刻編』明治書院、p.244。
（6）東北歴史資料館 1978『ろばたとくらし』館報第10号、p.7。
（7）菊池武人編 1995「濱荻　仙臺江戸」『近世仙台方言書　翻刻編』明治書院、p.244。
（8）飯島吉晴 1996「火による生活の変化」『民衆生活の日本史　火』思文閣出版、p.135。
（9）佐藤巧・古建築研究会編 1999『旧佐々木家住宅復原修理報告書』北上市立博物館調査報告書第3集、p.41。

(10) 佐藤巧 1983「仙台藩の下級武士住宅」『宮城の研究』第7巻、清文堂出版、pp.385-386。
(11) 東北歴史博物館 2000『今野家住宅復元工事報告書』p.12。
(12) 小山正平編 1983『気仙沼の旧事記』NSK 地方出版。
(13) 古川古松軒 1789『東遊雑記』東洋文庫27、平凡社（1964）p.61。
(14) 小泉武夫 1998『灰に謎あり』NTT 出版、p.29。
(15) 宮本常一 1981「常民の生活」『東日本と西日本』日本エディタースクール出版部、p.90。
(16) 宮本常一 1981「常民の生活」『東日本と西日本』日本エディタースクール出版部、p.90。
(17) 金野静一 1967「火の神」『気仙風土記』気仙風土記編集発行委員会、p.118。
(18) 小山正平編 1983『気仙沼の旧事記』NSK 地方出版、p.36。
(19) 東北歴史資料館 1978『ろばたとくらし』館報第10号、p.17。
(20) 東北歴史資料館 1978『ろばたとくらし』館報第10号、p.22。
(21) 稲雄次編 1990『秋田民俗語彙事典』無明社出版、p.65。
(22) 引用は以下の文献から行った。茂木徳郎 1960「兆・占・禁・呪」宮城縣史20巻。稲雄次 1984「秋田県の火の民俗」『北海道・東北地方の火の民俗』明玄書房。武田正 1984「山形県の火の民俗」『北海道・東北地方の火の民俗』明玄書房。箱山貴太郎 1985「長野県の火の民俗」『中部地方の火の民俗』明玄書房。池田亨 1985「新潟県の火の民俗」『中部地方の火の民俗』明玄書房。本庄清志 1985「富山県の火の民俗」『中部地方の火の民俗』明玄書房。財前司一 1985「山口県の火の民俗」『中国・四国地方の火の民俗』明玄書房。松本麟一 1985「愛媛県の火の民俗」『中国・四国地方の火の民俗』明玄書房。染矢多喜男 1985「大分県の火の民俗」『九州・沖縄地方の火の民俗』明玄書房。
(23) 山口佳紀・神野志隆光校注 1997『古事記』新編日本古典文学全集1、小学館、p.41。坂本太郎他校注 1964『日本書紀（一）』岩波文庫、pp.36, 38, 40, 40, 50, 52。
(24) 山口佳紀・神野志隆光校注 1997『古事記』新編日本古典文学全集1、小学館、p.43。
(25) 坂本太郎他校注 1964『日本書紀（一）』岩波文庫、p.38。
(26) 柳田国男 1944『火の昔』角川文庫（1963）p.59。
(27) 山口佳紀・神野志隆光校注 1997『古事記』新編日本古典文学全集1、小学館、p.111-112。
(28) 山口佳紀・神野志隆光校注 1997『古事記』新編日本古典文学全集1、小学館、p.223。
(29) 三崎一夫 1984「宮城県の火の民俗」『北海道・東北地方の火の民俗』明玄書房、p.102。

(30) 山口佳紀・神野志隆光校注 1997『古事記』新編日本古典文学全集1、小学館、p.45。
(31) 郷田洋文 1958「いろりと火」『生活と民俗Ⅰ』日本民俗学大系第6巻、平凡社、p.216。
(32) 佐々木哲也 1985「福岡県の火の民俗」『九州・沖縄地方の火の民俗』明玄書房、p.10。
(33) 大豆を採った残りの茎や葉、主に大豆殻。
(34) 三崎一夫 1984「宮城県の火の民俗」『北海道・東北地方の火の民俗』明玄書房、pp.85-86。
(35) 東北民俗の会編 1971『陸前の年中行事』萬葉堂書店、p.164。
(36) 千家尊統 1968『出雲大社』学生社、p.204。
(37) 山口佳紀・神野志隆光校注 1997『古事記』新編日本古典文学全集1、小学館、p.97。
(38) 引用は津山正幹 2008『民家と日本人』慶友社、p.129。
(39) 大岡敏昭 2011『江戸時代 日本の家』相模書房、p.172。
(40) 宮本常一 2013「煮ることと蒸すこと」『宮本常一講演選集1 民衆の生活文化』農山漁村文化協会（1978）p.258。
(41) 水を多めに張って沸騰させた湯に米を入れ、煮えたら余分な湯を捨てて、飯を調理する方法である。引用は津山正幹 2008『民家と日本人』慶友社、p.131。
(42) 津山正幹 2008『民家と日本人』慶友社、p.133。
(43) 宮本馨太郎 1973『めし・みそ・はし・わん』岩崎美術社、p.25。
(44) 津山正幹 2008『民家と日本人』慶友社、p.125。
(45) 貴志正造編訳 1978『神道集』東洋文庫94、平凡社、pp.159-164。
(46) 梗概、出典は東北民俗の会編 1971『陸前の年中行事』万葉堂書店、p.89。
(47) 梗概、出典は加藤瑞子・佐々木徳夫 1978『日本の民話』2 東北（一）、ぎょうせい、pp.110-112。
(48) 梗概、出典は佐々木徳夫編 1975『永浦誠喜翁の昔話』日本の昔話11、日本放送出版協会、pp.152-154。
(49) 梗概、出典は佐々木喜善 1986「江刺郡昔話」『佐々木喜善全集』1、遠野市立博物館、p.40。
(50) 蒲の穂で作った焚きつけ。
(51) 真菰またはワラで粗く編んだ莚製の包み。
(52) 梗概、出典は加藤瑞子・佐々木徳夫 1978『日本の民話』2 東北（一）、ぎょうせい、pp.117-120。
(53) 梗概、出典は黄川田啓子 1970「竈神信仰の研究」『東北民俗』第5輯、東北民俗の会、p.23。
(54) 高橋與右衛門 2001「古代型竪穴住居から中世型竪穴建物跡へ」東北中世考古学会

編『掘立と竪穴　中世遺構編の課題』高志書院、p.185。
(55) 澁澤敬三・神奈川大学日本常民文化研究所編 1984『新版　絵巻物による日本常民生活絵引』第 1 巻、平凡社、p.66。

図版出典
図 1　東北歴史資料館 1978『ろばたとくらし』館報第 10 号、p.20。
図 2　平山育男 1994『近畿農村の住まい 日本列島民家の旅④近畿 1』INAX 出版、p.7。
図 3　有賀喜左衛門 1968「イロリと住居」『有賀喜左衛門著作集』第 5 巻、未来社、p.276。
図 4　大岡敏昭 2011『江戸時代 日本の家』相模書房、p.140。
図 5　有賀喜左衛門 1968「イロリと住居」『有賀喜左衛門著作集』第 5 巻、未来社、p.259。
図 6　佐藤巧 1983「仙台藩の下級武士住宅」『宮城の研究』第 7 巻、清文堂出版、p.378。
図 7　木村勉 1997『北の住まい 日本列島民家の旅⑨東北・海道』INAX 出版、p.28。
図 8　東北歴史資料館 1978『ろばたとくらし』館報第 10 号、p.16。
図 9　東北歴史資料館 1978『ろばたとくらし』館報第 10 号、p.11。
図 10　筆者撮影。
図 11　筆者撮影。
図 12　大岡敏昭 2011『江戸時代 日本の家』相模書房、p.139。
図 13　石巻文化センター 1989『企画展　燈火具の歴史』p.20。
図 14　東北歴史博物館提供。
図 15　筆者作成。
図 16　石巻文化センター 1989『企画展 燈火具の歴史』p.13。
図 17　東北歴史資料館 1978『ろばたとくらし』館報第 10 号、p.26。
図 18　東北歴史資料館 1988『カマ神』p.5。
表 1　佐藤巧 1983「仙台藩の下級武士住宅」『宮城の研究』第 7 巻、清文堂出版、pp.379-380 を合体。
表 2　東北歴史博物館 2000『今野家住宅復元工事報告書』p.12 より作成。

V 日本の火にまつわる考古学
―特に火の持つ神聖性について―

おかむらみちお

1. 人類の火の使用の始まり

『日本考古学事典』(2002、三省堂)に加藤晋平は、人類の火の使用を示す考古学的な所見として「人類は、アフリカの熱帯地域から寒冷な中緯度地帯に拡散する中で火を起こす技術を習得したという。西アジアの後期旧石器時代の遺跡から炭化した撚った縄が発見されており」と記述している。また、中国の周口店洞穴では北京原人が、焚き火跡や焼けた礫、灰の層を残していた。木などを燃やして天然エネルギーをえて、調理・照明・暖を取るなどに使い、猛獣を追いやる火としても、人類にとってなくてはならない重要なものであり、火を起こして管理する技術は人類にとって必要不可欠であった。また、イギリスのクラクトン文化の30～40万年前の遺跡からは、棒を焼いて尖らせた木槍が発見され、道具の製作にも火が用いられていたことが明らかである。

2. 日本列島での火の使用の開始

(1) 旧石器時代の火の使用

日本列島では、新人類(ホモサピエンス・サピエンス)段階以前の人類遺跡について、確実な証拠はない。しかし、約4万年前になると全国的に多くの遺跡の存在が確認される。そのうち西日本の遺跡で、礫群がしばしば発見されている。鹿児島県種子島の立切遺跡からは、3万数千年前の列島最古の礫群と、

焼土跡・焚き火跡が発見されている。熱を受けて赤く焼けた礫が、径約80cmの円形の範囲にまとまった一基の礫群と、径30〜70cmの焼土が皿状に詰まった焚き火跡と推定される焼けた窪みが14基発見されている（鹿児島県中種子町教育委員会 2002、図1-1）。後期旧石器時代の礫群は、石を焼いてその熱で食料を蒸し焼きにした跡と推定されている。九州から一部南東北にまで分布が広がっており、通常は径4〜5mほどの不正円形の範囲に、ほぼ水平に焼け礫が分布することが多い。神奈川県綾瀬市の吉岡遺跡群では、約24,000年前の礫群の中から焼けたイノシシの臼歯が発見されていて、獣類など動物質の食料を石の余熱で蒸し焼きにした跡と見られる（図1-2）。

　また、遺跡で発見される現地性の焼け土や炭粒の集中範囲は、地床炉と呼ぶ炉・焚き火跡であり、一か所に固定してやや長時間、地面の上で火を焚いた跡である。このような場所・施設は炉と定義される。北海道中央部の千歳市柏台1遺跡では、約20,000年前のエゾシカと推定される焼骨（福井 2000）とトウヒ属の炭化材を含む地床炉（（財）北海道埋蔵文化財センター 1999）、上川町日東遺跡でもシカ焼骨片が多数伴った地床炉が発見されている。北海道では他にも、東北部の白滝・北見・遠軽でも種類は不明だが焼骨の伴った地床炉が確認されている。また仙台市の富沢遺跡でも約27,000年前の炭化物が集中していた焚き火跡が見つかっている。後期旧石器時代にも炉を固定して、ある程度の期間逗留した生活が、想定される遺跡もあった。

　礫群の出現からかなり遅れた約18,000年前のナイフ形石器文化終末から細石刃文化段階になると、石で囲んだ炉が現れる。西北九州では、長崎県佐世保市の福井洞穴で、約18,000年前の細石刃文化期の炉が四基重層して発掘された（佐世保市教育委員会 2016）。また静岡県の愛鷹山西南麓では長泉町野台遺跡（図1-3）、沼津市休場遺跡、函南町上原遺跡などで、石を組んで火を管理して使用した石組炉が現れた。

　ところで酸性土壌が主体のため有機物が腐ってしまう日本列島であっても、焼けたために無機質になった動物骨や焼けて炭化した植物質細片が、炉や焼け土に保存されることがある。このような焼骨や炭化物は、旧石器時代だけでな

V 日本の火にまつわる考古学 115

1. 鹿児島県種子島立切遺跡の礫群（左）と焚き火跡（右）（中種子町教育委員会提供）

2. 神奈川県吉岡遺跡群の礫群（右）とそこから出土した焼けたイノシシ歯（左）（神奈川県教育委員会提供）

3. 静岡県愛鷹山西南麓野台遺跡の石組炉（長泉町教育委員会提供）

図1 後期旧石器時代から縄文時代草創期の炉

図2 東京都前田耕地遺跡の縄文時代草創期の住居跡（上）と中から見つかった焼けたサケ歯（下）（東京都教育委員会所蔵）

く縄文時代以後も食生活や動植物相、環境を知ることのできる貴重な資料である。なお、後期旧石器時代でも炉から焼骨が出てくる現象は、縄文時代以降や北方民族の事例に照らしてみると、それらを火にくべて神に送った可能性も否定しきれない。約15,000年前の東京都あきる野市の前田耕地遺跡では、縄文時代最古段階の住居跡から焼けたサケ歯が多量に見つかっている（図2）。

（2）縄文時代草創期の炉

縄文時代草創期になると、鹿児島県の南さつま市栫ノ原遺跡や国分市上野原遺跡などでは、舟形石組炉・集石炉、そして煙道付炉穴と呼ばれる地下式炉が、三種揃って発見され、この地域に一般化した様子がうかがえる（図3）。

集石炉は、掘った穴に焼礫が詰まった状態で発見されることが多く、後期旧石器時代の礫群から、「集石炉」と名称は変えられるが、機能的には継承され

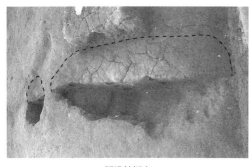
煙道付炉穴

集石炉

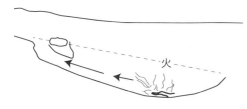

舟形石組炉

図3　鹿児島県栫ノ原遺跡の炉（南さつま市教育委員会提供）

る遺構である。芋類や球根などデンプン質の多い食材を穴に入れて、焼礫で蒸し焼きにする場合が多くなったと考えられる。

　炉穴は、穴の底で火が焚かれ穴の壁から斜め上に掘られた煙道（煙突）に熱と煙が抜け、煙突の出口に食材を置けば燻製ができるという施設である。長崎県諫早市鷹野遺跡、熊本県熊本市扇田遺跡、宮崎県西都市・佐土原町別府原遺跡、鹿児島県有明町横堀遺跡では早期の炉穴から、ノビルと思われるユリ科ネギ属の炭化した鱗茎が、発見されている。

　集石炉も炉穴（南九州では煙道部が残っていることも多く、煙道付炉穴と呼ばれている）も草創期の南九州から始まり、早期には九州から東海・中部山地に盛行する施設である。

3. 発火法の歴史

(1) 火きり棒(杵)と火きり板(臼)

　縄文時代の火は、板切れの側縁に点々と切り込みを入れ、そこに火きり棒を押し付けて回転させ、摩擦熱で火を起こし、火口で火を取る「揉み鑽法」によってえられていた。北海道小樽市の後期の忍路土場遺跡((財)北海道埋蔵文化財センター 1985)からは、針葉樹製板の側縁に焦げ痕が並ぶ火きり板(火鑽臼)と木棒の先端に焦げ跡と回転の痕跡が残る火きり棒(図4-2)が、同じく恵庭市の後期キウス4遺跡からもアジサイ属製の火きり板が発見されている。また晩期の滋賀県大津市滋賀里遺跡からも、断面円形の太さ2cmほどの先端5cmほどが焦げている火きり棒と思われる丸棒と前後が折れた幅2センチの両縁に焦げた円孔が残る火きり板が発見されている(滋賀県教育委員会 1973、図4-3)。離れた北海道と近畿の後晩期の三例だけではあるが、弥生時代以降も同様な火きり棒・火きり板が全国的に出土していることから見て、縄文時代も列島規模で揉み鑽発火法が広がっていたと予想される。

　なお、福井県若狭町鳥浜貝塚で発見された小型弓を火きり棒を回転させる舞鑽の弓と見る意見があるが、平安時代まで普遍的に続いた揉み鑽の鑽や火きり板に伴って小型弓の発見例はないし、火きり棒に適合するような、太い孔をもつはずみ車も発見されていないので、舞鑽弓の存在をうかがわせる証拠は今の所ない。現在、各所で行われている火起こし体験では、弾み車が付いた火きり棒による発火が行われているが、縄文時代以来の揉み鑽法は鑽もみだけだったと思われる。

　また、石狩市の石狩紅葉山49号遺跡では、川跡から発見されたスダテ様のサケなどの捕獲施設(アイヌ語でテシ)の付近から縄文時代中期のスネニ(松明)が発掘されている(北海道石狩市教育委員会 2005、図5)。夜間に松明の明かりで漁をしていた様子が髣髴とされる。17〜18世紀にかけてのアイヌ文化期の千歳市美々8遺跡((財)北海道埋蔵文化財センター 1996、図7)で、

V 日本の火にまつわる考古学　119

1. 南アフリカ・ララハリ砂漠のサンによるきりもみ発火の様子（岩城 1977）
2. 北海道忍路土場遺跡の発火具（北海道埋蔵文化財センター提供）

火きり板

火きり棒

3. 滋賀県滋賀里遺跡の火きり棒、火きり板（滋賀県埋蔵文化財センター提供）

図4　揉み鑽法による発火

石狩紅葉山49号遺跡と同様なスネニが発見され、縄文時代以来継続して使われてきたと推定される。なお、北アメリカ先住民やアイヌの民族例を援用して、サルノコシカケが火口・火種に利用されたと推定する意見もある。低湿地遺跡からサルノコシカケの発見例は多いが、それの利用痕跡は確認できていない。

　縄文時代からあった火きり棒と火きり板による発火法は、弥生時代になって

図5 北海道石狩紅葉山49号遺跡の松明
左：出土状況、右：使用イメージ図
（いしかり砂丘の風資料館提供）

も静岡県登呂遺跡や富山県江上A遺跡など全国的に認められる。そして、古墳時代、古代へも継続して使用された（高島 1984）。最近は木製品が保存されている低湿地遺跡の発掘例が増え、村上由美子の教示によれば、弥生時代中期から古代までの北海道から九州・沖縄まで認められる。近畿、島根県、北陸で多く出土し、合計で火きり板が200点以上、火きり棒が50点ほど確認されている。いずれもスギ材が約6割、続いてヒノキが1割5分であり、北陸・東日本はマタタビ・カエデ・ノリウツギなどの色々な材が用いられる傾向がある。

また山形県では、古墳時代後期とされる山形市嶋遺跡出土の一端に焼け焦げ痕のある長さ54.5cm、太さ9mmの「火きり棒」と、8～12世紀の6遺跡からは約径1cmの丸棒（火きり棒）や2cm角の棒（火きり板）が合計11例集成されている（図6）。スギ材と推定されているものが多い（大場 1998）。長年継続して揉み鑚による発火が、続いていたといえる。なお、アイヌ民族が残したといわれているアイヌ文化期初めの北海道千歳市美々8遺跡からも、スギとスギあるいはネズコ製の火きり棒と、モクレン属製の火きり板が発見されている（（財）北海道埋蔵文化財センター 1996、図7）。

V 日本の火にまつわる考古学 121

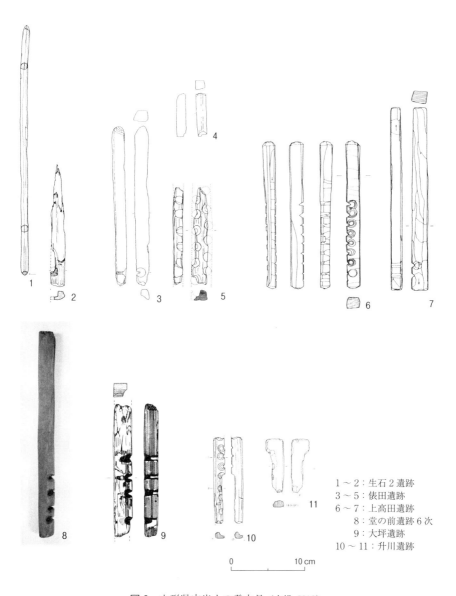

1～2：生石2遺跡
3～5：俵田遺跡
6～7：上高田遺跡
8：堂の前遺跡6次
9：大坪遺跡
10～11：升川遺跡

図6 山形県内出土の発火具（大場 2012）

（2）火打石と火打ち金

　石英岩・チャート・メノウなどの緻密で硬い石と石とを打ち付けたり、火打ち金を打ち付けて発火する方法があった。火打石は、適当な大きさの礫を硬い台の上で、たたいて2、3個に分割し、さらに分割面を打ち欠いて剥離面を作り、その稜線を火打ち金でたたいて火花をだす。

　火打ち金は鉄製のため遺跡には残りにくいが、6世紀末から7世紀初めの埼玉県坂戸市の坂戸1号墳が初出で、7世紀前半の千葉県我孫子市の日秀西遺跡の竪穴建物からの出土例、7世紀中葉ころの同県佐倉市の松向作遺跡の古墳か

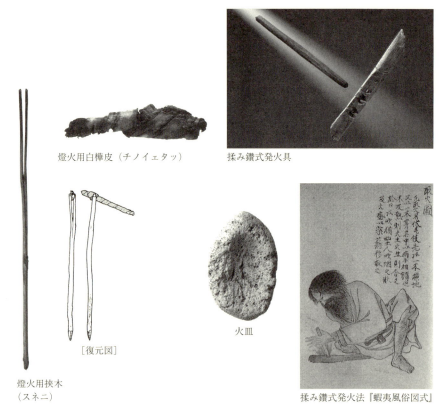

図7　北海道千歳市美々8遺跡（近世アイヌ文化期）出土の発火具
（写真：北海道埋蔵文化財センター提供、ほかは北海道埋蔵文化財センター 1997 より転載）

V 日本の火にまつわる考古学　123

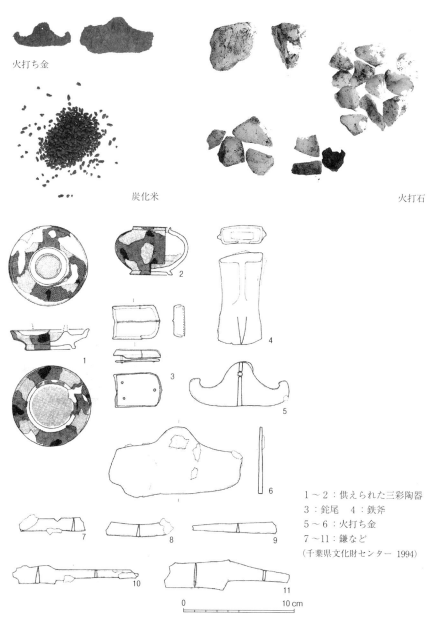

1～2：供えられた三彩陶器
3：鉈尾　4：鉄斧
5～6：火打ち金
7～11：鎌など
（千葉県文化財センター 1994）

図8　千葉県井戸向遺跡の家送りに供えた物（八千代市教育委員会提供）

らの出土例が知られる。文献的には8世紀の古事記や日本書紀の記述に現れる。千葉県を中心として一部茨城県などを含む集成によれば、千葉県では7世紀後半の東金市久我台遺跡、8世紀の市原市高沢遺跡、8世紀前半と9世紀後半の東金市山田水呑遺跡、さらに平安時代になると富里市宮内遺跡、市原市文作遺跡、八千代市井戸向遺跡など竪穴建物での出土例が増える。一般集落からも普遍的に使用されるようになったのだろう。また茨城県では6世紀後半の那珂市森戸遺跡の竪穴建物出土例を初出として、8世紀から平安時代には数遺跡で知られるようになる（鶴見 1999）。なお、千葉県井戸向遺跡では、9世紀初めの焼失竪穴建物から火打ち金2点と火打石、三彩の陶器托（器の受け台）と小壺、鉈尾（ベルト端の金具）、鉄製の鎌・刀子・斧と甕一杯分ほどの焼けた米が、火を伴う儀礼を思わせる状態で出土している（千葉県文化財センター 1994、図8）。

　火打ち金が存在すれば、当然火打石も一緒に使われたはずであるが、千葉県では先述の井戸向遺跡での報告例があるだけで、注意しないと見落とされがちである。その後、中世の神奈川県鎌倉遺跡、近世の江戸遺跡や各地の城郭では、多くの火打ち金・火打石の出土例が知られるようになる。

4. 炉・竈の変遷と地域性

　縄文時代初めの集落では、野外で石組炉・集石炉・炉穴による調理や燻製作りが行われたが、早期の後半から前期になると住居の中に炉が切られて、家の中で火が調理、暖房、照明に使われた。また、炉の上の火棚が、中期の長野県富士見町藤内遺跡や新潟県長岡市中道遺跡（図9）で、竪穴建物の床面に炭化したクリやトチノミと共に落下して発見されている。網籠などに入れられて火棚で燻煙や乾燥による食料保存がなされ、煙による低い温度での燻製（低燻法）もできたと推定される。

　縄文時代中期後半には関東・中部に大型石組炉、新潟・福島県以北に複式炉が盛行する。典型的で特に発達して飾られた複式炉は、土器を立てて埋めた土

V 日本の火にまつわる考古学　125

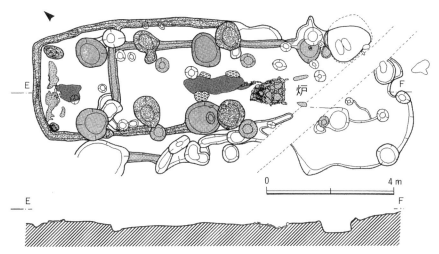

焼けた建物跡とトチノミ集中（長岡市教育委員会 1996）

建物跡内の炭化したトチノミ
（長岡市教育委員会提供）

焼けたカゴに入ったトチノミ
（長岡市教育委員会提供）

図9　新潟県中道遺跡（中期中葉）の焼失大型建物とトチノミ

図10　縄文時代中期の堅穴建物跡と複式炉（1）秋田県松木台Ⅲ遺跡
　　　（秋田県埋蔵文化財センター所蔵）

器埋設部、石を組み並べてくぼめて敷いた石囲部、そして浅い皿状の前庭部が壁まで続く型式である（図10）。まず複式炉は信濃川流域から東北南部の大木文化圏に分布し、中期後葉には北上して石囲部と側縁に石を並べた前庭部からなる型式、そして石組み前庭部をもつ沢部型に型式を変えて東北北部まで分布を広げた（阿部 2010、図11）。典型的で発達した複式炉は、埋設土器の周囲と、燃焼部は石敷きとなって幾重にも石が取り巻くこともあり、裾部の両側は石列が囲むことが多い。石敷装飾が発達したことから見ても、祭祀性・神聖性が読み取れよう。埋設された土器と石組部は、赤く受熱し、石組部は深く窪むことも多く、埋設された土器と石組部は燃焼と共に、炭や灰をためた場所であったと推定される（新井 2009）。ただし、長期に強く受熱してできる焼け土

V　日本の火にまつわる考古学　127

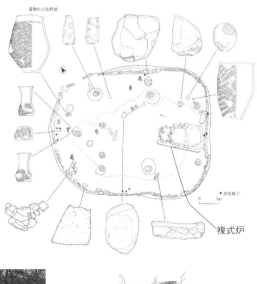

複式炉

複式炉

図11　縄文時代中期の竪穴建物跡と複式炉（2）岩手県御所野遺跡　火災に遭った竪穴建物跡。左下は実験的に復元したもの。右下はその復元図（一戸町教育委員会提供）。

とは違い、灰は多量に存在しない限りは分解し消滅してしまうので、炉に残っていることはほとんどない。灰は、つい最近まで、水に溶かして上澄み（灰汁）を取り、洗濯、山菜や木の実のアク抜き、染色の媒染剤などとして需要は高かった。また灰で種火を埋めて保ち、日常的に火を絶やさなかった。

　また火は粘土を焼いて人類初の科学的変化を利用した土器を作り、また土器で、トチやコナラ類などアクの強い木の実を灰汁で茹でてアクを抜き、濃縮した海水を煮詰めて塩を作り、アスファルト原料やベンガラ・水銀朱を加熱精製もしていた。また木製品には、焦がして黒くなった痕跡が残ることも多く、焦がして加工しやすくしたり、丈夫にしたといわれている。

　古墳時代の5世紀前半の西日本では、竪穴建物の壁際に竈がしつらえられるようになる。やがて中部九州から関東・東北に炉を駆逐して広がっていった。かまくら状に粘土を積んで壁に据え付け、煙道を竪穴建物外に突き出し、前面に焚口を開け、上になべ・かまを載せる穴を空けて、幅70cm、奥行50〜60cm、高さ40〜50cmほどの大きさに作った。西日本に比べると東日本の窯の普及率が高く、関東では六世紀後半には、ほとんどの竪穴建物に据えられ、この状況は東日本では平安時代まで続いた。

　なお、火の不始末や放火による火事は、遺跡ではなかなか確認できる例は少ない。縄文時代の焼失竪穴建物は、土屋根に覆われ意図的に内部から火を掛けないと火事になることはない。古代になって官衙遺跡の蔵と考えられる掘立柱建物が、多量の焼け米と共に焼失して発見されることがあり、文献に登場する蔵の焼き討ちに符合する。草・板で葺かれた掘立柱建物が、火事になったのである。

5. 火を用いた祭祀、火の神聖性

（1）配石・墓地、炉での火の祭祀、石棒と火の祭祀

　一方火が焚かれて行われた祭祀の跡が、定住の始まりと共に認められるようになった。岐阜県高山市の早期半ばの押型文文化期・前平山稜遺跡では、平野

に突き出した丘陵の突端で焚き火の跡と共に井桁に並べられた人形石器（トロトロ石器）や磨製石斧、焼けた礫が発見されている（岐阜県高山市教育委員会1993、図12）。類例は、三重県大台町の神滝遺跡、長野県大町市の山の神遺跡などで見られる。

　また中央日本から東北では中期を中心にして住居内の炉の周りや、炉石の角などに男のシンボルの形をした石棒・石柱が立てられ、まつられた。長野県諏訪市の中期穴場遺跡では、竪穴建物の壁近くに石皿が立てられ、その深い凹みに向かうように炉の近くに石棒が据えられていた。周辺には石碗、凹み石も置かれ、炭・炭化材や焼け土が散在していた（諏訪市教育委員会 1983、図13）。火が焚かれて石棒と石皿による祭祀が行われた跡であろう。また、中期後葉の新潟から東北に見られる複式炉のように、石敷や石組みが発達して見事な造形を作り出している炉もある。

　一方、同地域の同時期の千葉県富津市岩井遺跡（君津郡市文化財センター 1992、図14）や長野県下諏訪町の駒形遺跡、新潟県糸魚川市の長者原遺跡などでは、集落の広場などにも石棒が立てられて、周囲で火を焚く祭りが行われたらしい。石棒が火熱を受け、ヒビが入り、表面が焼けはじけて発見されることも多い。

　以上のような状況は、アイヌ民族が、炉には此岸の筆頭神である女の神が宿ると考えていたのと同様に、火の神と男の代表・シンボル的な神であったと考えられる石棒との出会い、再生などを祈る「火と石棒祭祀」があったと考えられる。

　また炉の焼け土などを篩掛けすると、内陸の魚の王者であり、神聖な魚とされていたサケの歯や椎骨が抽出されるようになった。例えば長野県千曲市の屋代遺跡群の縄文中期後葉の環状集落内の掘立柱建物内の大きな炉から、多量のサケ類の歯や背骨が発見された。また最近、新潟県内の31か所の遺跡の焼け土を篩にかけると、焼かれて無機質になったために保存されたサケの歯や背骨が、高率で発見されている（山崎 2013）。秋田県でも縄文時代後晩期の配石・墓地からサケ歯骨などが発見される例が多い（図15）。小林克が、新潟を含め

 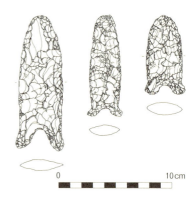

図12 岐阜県前平山稜遺跡の人形石器を並べて火を焚いた祭祀跡
(高山市教育委員会提供、高山市教育委員会 1993)

図13 長野県穴場遺跡竪穴内石棒と石皿祭祀
(諏訪市博物館提供)

図14 千葉県岩井遺跡集落の広場で行われた火と石棒祭祀
(富津市教育委員会提供)

V 日本の火にまつわる考古学 131

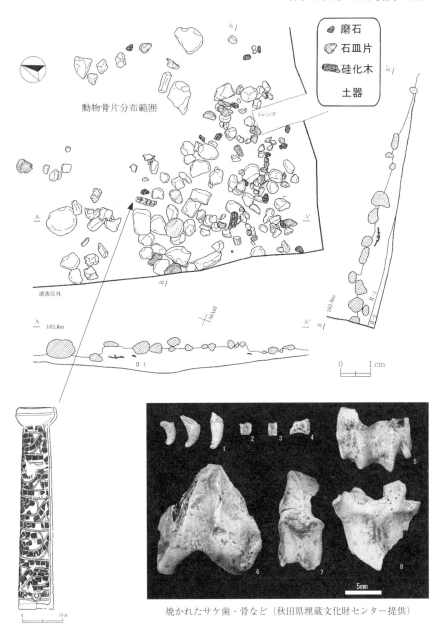

焼かれたサケ歯・骨など（秋田県埋蔵文化財センター提供）

図15 配石で行われた送りの祭祀（1）秋田県智者鶴遺跡・晩期（秋田県教育委員会 2010）

た東北のサケの出土例を集成し、サケに係る祭祀についても論じている（小林 2016）。また秋田県横手市の中期後半の神谷地遺跡で炉の焼け土を篩ったところ13棟の竪穴建物の炉からサケ科の歯や骨が発見され、4棟からは多量に発見されている（横手市教育委員会 2015）。北海道の擦文・アイヌ文化期の炉跡・焼け土跡からもサケ歯・骨が検出される例も多い。トチやクリなどの堅果類やサケを主体とした骨類を炉で焼いて送る祭祀が、古くから継承されていたのであろう。炉や火が重要で、神聖性が高かったことが分かる。

　また竈でも祭祀が行われたらしく、5世紀末の福岡県春日市の5世紀後半の赤井手遺跡では、竈の側壁にミニチュア土器が埋め込まれていた。

（2）骨・堅果類などを火で焼いて送る祭祀

　焼いた木の実や動物の骨、時には人骨を焼き焦がして石囲・配石で送ったり、それらを散布する儀礼も、古くは大場磐雄、名取武光、近年では宇田川洋、高山純、西本豊弘などによって論じられてきた。しばしば東日本の後晩期に見られる焼骨儀礼について、埋葬との関係も含めて総括されている（内山 2005）。

　焼かれて無機質になったために保存され、発掘によって送りの跡が確認された典型例がある。ヒグマ成獣4〜8体分の上半身骨が約10m四方の範囲からまとまって発見された北海道前期の石狩市上花畔遺跡例、多量のシカとイノシシ骨がまとまっていた同道後期の苫小牧市柏原5遺跡例、灰や焼け土の広がりとカモシカ頭骨と石鏃39点、シカ下顎骨と耳栓形土製耳飾り3点と土玉一括6点がそれぞれまとまって発見された青森県むつ市の晩期半ばの二枚橋遺跡例、クジラ・シカ・イノシシの頭骨を半環状に並べた静岡県伊東市の晩期井戸川遺跡例などがある。また福島県船引町の後期堂平遺跡のシカ・イノシシの焼骨入り埋設土器、同県和台遺跡の焼人骨が収められた埋設土器（図16）、糸魚川市の後期寺地遺跡の人骨と獣骨が多量に発見された配石（新潟県青梅町 1987、図17）、山梨県大泉村金生遺跡の1歳未満のイノシシ下顎骨が多量に入っていた土坑なども特筆される。

また東北日本でも盛土遺構や墓地などで、火が焚かれ、火も用いた送りが行われていた実態が把握されつつある（おかむら 2010）。中期後半の御所野遺跡でも、大規模集落の中央に位置する配石・墓地周辺の竪穴建物の埋没凹地や盛土遺構から、焼骨が散布された状況で多数発見されている（西本 2016）。

図16　福島県和台遺跡　埋設土器に収められていた焼人骨（福島市教育委員会提供）

　御所野遺跡では、石組炉が使われなくなった後（上の層）に、焼かれたトチノミなどが炉を覆って多量に発見された（辻 2016）。同様な例は、福島市の中期・和台遺跡（飯野町教育委員会 2003、図18）、佐倉市の晩期・宮内井戸作遺跡などでも、クリやトチノミなどが廃絶されて埋まって窪んだ竪穴建物の炉の位置から多量に発見されている。また御所野遺跡では、掘立柱建物の抜いた柱穴跡に焼いたトチなどの実を多量に詰めた例も認められる。同様に秋田県能代市の烏野上岱遺跡でも、中期後葉の掘立柱建物のすべての柱穴で、柱抜き取り跡から炭化したクリが多量に発見されている（秋田県教育委員会 2006）。北海道函館市の晩期聖山遺跡で、クリがまとまって数か所から出土した例も、同様な状況を示しているのかもしれない。火を伴う家送りや廃屋儀礼が盛んに行われていたらしい。

　アイヌは、壊れた道具などを送り、灰や焼け土、土などまで再生を願う送りの儀礼を行った（宇田川 1989）。アイヌ民族を含めた北アジア、北方ユーラシアとさらに西のスカンジナビア、一方では北米でも広く送りの儀礼が見られる。火を焚き、物を空に向かって投げると、地上に落ちて来るまでに物の魂は炎と共に天に帰り、また再生して来ると信じられていた。火の神（女姥神）

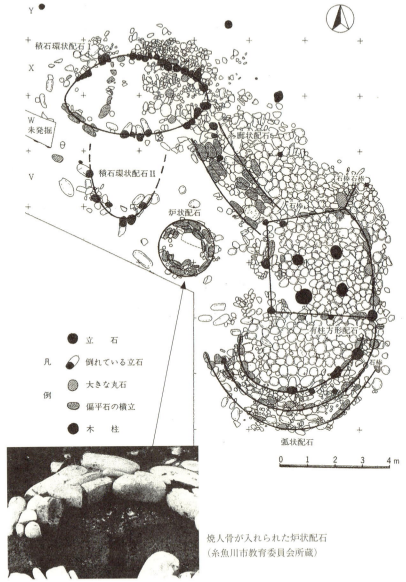

焼人骨が入れられた炉状配石
（糸魚川市教育委員会所蔵）

図17　配石で行われた送りの祭祀（2）新潟県寺地遺跡・後期

V 日本の火にまつわる考古学　135

図18　福島県和台遺跡　竪穴建物凹地での送り（上）と焼かれたクリの実（下）
（福島市教育委員会提供）

は、統括的な元締めの神・仲介者であり、さらに偉い天上の神に取り次いでもらう重要な神であった（大林 1999）。

　以上、ここで述べた縄文時代遺跡に残された火にまつわる各種の事象は、火を用いた祭祀が盛んに行われていたことを物語っているといえよう。

6. 縄文時代の初めから行われた火による家送り

　アイヌ民族は、大昔はトイチセ（土屋根竪穴住居）に住み、遅くともアイヌ文化期・近世には草壁・草屋根の家に住んだが、フチ（おみな）やエカシ（翁）

136

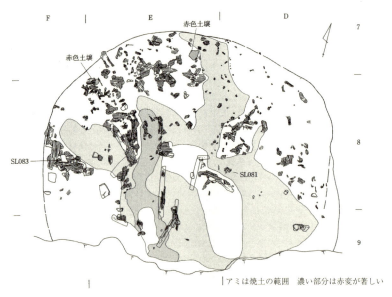

図19 福岡県大原D遺跡の焼失竪穴建物
（上：福岡市埋蔵文化財センター提供、下：福岡市埋蔵文化財センター 2003）

などが亡くなった時に、家を焼いてあの世に持たせたという。この習俗カスオマンテ（家焼き・家送り）は明治政府の禁止令が出ていたが、明治半ば過ぎまで行われることもあった。このような「家送り」の跡である焼失竪穴建物跡は、縄文時代まで遡り、草創期の福岡市大原D遺跡（福岡市教育委員会 1997、図19）や静岡県沼津市の葛原沢V遺跡の焼失竪穴建物が、その始まりと考えられる。東北日本の後期以降、集落全体の数パーセントの竪穴建物が焼かれるようになり、弥生時代後期から古墳時代には鹿児島県北部から本州・北海道まで十数パーセントの竪穴建物が焼かれる集落も見られるようになる。また東北・北海道の古代には、1/3の竪穴建物が焼かれる地域もあり、北海道では古代に相当する擦文時代からアイヌ文化期に「家焼き・家送り」が伝えられてきた（岡村編 2008）。本州各地では、お盆の送り火として山の中や川原で小屋掛けしてその小屋を燃やす行事が行われるが（福田ほか編 2000）、縄文時代から続いた家焼きや送り習俗の名残だった可能性もある。

また万物に神宿る中でも火の神（イレッシュカムイ、養い育ててくれる神）は、神々を統括する主神で、人の誕生から一生を面倒見てくれ、あの世に旅立たせてくれる神だった。炉を囲み、家族をはじめとした一系が、祝いや祭祀などで共食飲・振舞いもした。火の神は、深い精神生活の根底を担っていたのである（名取 1942）。

7. 最近まで伝えられた火の歴史——まとめに代えて——

我々とは系統の異なった古段階の人類である猿人、原人の段階から、木などを燃やして火を・炎をえて、管理し、利用し暮らしてきた。まず木棒の先端を板に押し付けて回転摩擦（揉み鑽）させ、火を起こした。日本列島では遅くとも縄文時代後期から揉み鑽法によって発火していたことが知られ、平安時代まで主体的な発火法であった。

火処・炉は、遊動生活を送った列島の後期旧石器時代の始まり（約4万年前）から、きわめてまれにしか発見されていない。それが旧石器時代の終わり

に近づくと静岡県愛鷹山西南麓には石組で囲んだ炉（石組炉）が数遺跡で登場し、北海道などの細石器文化期にはしばしば見られるようになる。

やがて約15,000年前から温暖化が始まり、草創期半ば10,000年余り前から竪穴建物と旧石器時代の礫群を踏襲した集石炉、舟形の石組炉、そして煙道付炉穴が登場する。そして、列島各地で現在とほぼ同じ縄文時代の環境、生物多様性などによる生態系になると、その豊かな風土に適応した定住生活が始まる。約9,000年前には南九州から定住集落の営みが始まり、全国各地でも定住集落が成立するようになる。生活の場となった竪穴建物の中に石組みや土器敷きの炉、深鉢を埋設した炉がしつらえられた。竪穴建物は、その後近畿や東海などでは古墳時代まで、西日本や東北日本では平安時代末まできわめて長い間続いた。ただし、屋内には古墳時代から竈がしつらえられるようになり、6世紀末から火打ち金と火打石による発火が行われるようになり、古代には一般集落に普及した。

一方、家焼き・家送りの祭祀が、縄文草創期から見られ、東京都の前田耕地遺跡の竪穴建物から多量な焼いたサケの歯や脊椎が発見されるなど竪穴建物内の炉や火を用いた祭祀が行われた。そして、定住がなった早期半以降には、竪穴建物の凹地、貝塚や捨て場（送り場）でも火を伴う送りの祭祀が行われ、中期後半にも火を伴う石棒祭祀や送りの祭祀が盛んに行われた。さらに、後晩期からは人も含む動植物遺体を焼いた祭祀が、配石遺構や墓地でも行われるようになり、土偶、石棒・石刀などの祭祀具も発達して、祭祀・呪術的な世界が広がり、火が重要な役割を果たした。

竪穴建物での火を伴う家送りの祭祀は、古代の千葉県八千代市の井戸向遺跡（図8）や栃木県足利市の小仏像を置いたまま竪穴建物を焼いた常見遺跡（図20）で認められる。また弥生時代の鳥取県米子市の妻木晩田遺跡、岡山県津山市の領家遺跡、神奈川県平塚市の大久保遺跡、長野県岡谷市の橋原遺跡など、平安時代では群馬県吉井町の矢田遺跡、岩手県一戸町の田中3遺跡や田中4遺跡などの竪穴建物から、多量な焼き米が出土する例は、米を焼いて祭祀した跡の可能性があり、その後も継承されていたようだ。アイヌにとって、火の

V　日本の火にまつわる考古学　139

図20　栃木県常見遺跡　焼いた家送りと供えた銅製の小型仏像（高さ約 9.5 cm）（足利市教育委員会提供）

神（女姥神）は、万物に宿る神々の総元締めでもあり、人の誕生から死までの一生を司り、万物を清め、さらに偉い天上の神に伝え・送り、再生も願える重要な神であった。

　日本の民俗でも、炉には火の神が宿り、炉は一家や一族の中心をなす神聖なもので、火は強い社会的・精神的な紐帯をもたらしてきた。同族の祭りごとや日常生活の多くが、本家の炉を中心に行われた。中世以後、床張り住居の普及と共に炉が囲炉裏に代わっても、火を永く保ち絶やさず大切にした。火の神を炉にまつり、正月には自在鉤に注連縄を飾ることもあった。その神は、火伏の神のほかに、作神や家族の守り神でもあった。汚れを祓うことができ、産屋では火を焚き、山伏などは火渡りの儀式を行った。また東北を中心とした各地には、大正月や小正月に裸で旧家の主人夫婦が、囲炉裏の周りで儀礼的な性的結合を行って豊穣を祈った。囲炉裏は小宇宙の中心として対立するものを統合する場でもあった（福田ほか編 2000）。

　このように火は、人類共通のなくてはならない重要なもので、人類が誕生し

た旧石器時代の当初から火が起こされ、火の熱が調理・加工・暖房などに使われ、炎の輝きが照明に、煙が燻製や燻蒸に利用されてきた。炉や竈に宿る火の神、そして火で焼き清めて送る儀礼にも、火の神聖性が大きな役割を果たしてきた。また火・炉・囲炉裏は、家族や一族の生活の中心となり、火の神が宿る炉で結合や再生の祭祀が行われ、心のよりどころとなって紐帯を守ってきた。1万年以上の長い間、日本人の定住、集落、一族、家族などの生活を支えてきた大切なものであった。今日の日本にも「どんと祭」や「針供養」などに残ってはいるが、昭和30年代から囲炉裏は姿を消し、急速に自然の火・炎を見ることも少なくなった。同時に大きな精神的な支えを失いつつあるように思う。

参考文献
秋田県教育委員会 2006『烏野上岱遺跡』。
秋田県教育委員会 2010『智者鶴遺跡―地方特定道路整備事業主要地方道羽後向田館合線に係る埋蔵文化財発掘調査報告書―』。
阿部昭典 2010「前庭部付き石組み炉の出現と機能・用途に関する研究」『平成21年度一戸町文化財年報』。
新井達哉 2009『縄文人を描いた土器 和台遺跡』新泉社。
飯野町教育委員会 2003『和台遺跡』。
石狩市教育委員会 2005『石狩紅葉山49号遺跡発掘調査報告書』。
岩城正夫 1977『原始時代の火』新生出版。
宇田川洋 1989『イオマンテの考古学』東京大学出版。
内山大介 2005「先史時代の葬送と供儀―焼骨出土例の検討から」『信濃668』。
大場正善 2012「ヒトはどうやって火を起こしてきたか？」『山形考古9-4』。
大林大良 1999『シンポジウム「縄文・魂との対話」』。
おかむらみちお 2010「縄文時代「盛土遺構」研究のために」『三内丸山遺跡などの盛土遺構の研究』。
岡村道雄編 2008『日本各地・各時代の焼失竪穴建物跡』奈良文化財研究所。
君津郡市文化財センター 1992『岩井遺跡』。
小林 克 2016「本州日本海沿岸北部における縄紋時代後半期の宗教儀礼」『古代138』。
佐世保市教育委員会 2016『史跡福井洞窟発掘調査報告書』。
滋賀県教育委員会 1973『湖西線関係遺跡調査報告書』。
諏訪市教育委員会 1983『穴場I』。
高山市教育委員会 1993『前平山稜遺跡 赤保木遺跡 発掘調査報告書』。

千葉県文化財センター 1994『八千代市権現後遺跡・北海道遺跡・井戸向遺跡』。
辻　圭子 2016「（7）植物遺体群（種実類および木材）」『御所野遺跡Ⅴ―総括報告書―』一戸町教育委員会。
鶴見貞雄 1999「火打ち具を考える」『茨城県考古学会誌 11』。
長岡市教育委員会 1996『中道遺跡―第 2 次発掘調査概報』。
中種子町教育委員会 2002『立切遺跡　重要遺跡確認調査に伴う埋蔵文化財発掘調査報告書』。
名取武光 1942「アイヌ民族の精神生活」『北海道文化史考』。
新潟県青梅町 1987『史跡　寺地遺跡』。
西本豊弘 2016「（6）御所野遺跡の動物遺体の問題」『御所野遺跡Ⅴ―総括報告書―』一戸町教育委員会。
福井淳一 2000「千歳市柏台 1 遺跡」『北海道考古学会 2000 年度研究大会「北海道旧石器考古学の諸問題」要旨集』。
福岡市教育委員会 1997『大原 D 遺跡群 2』。
福岡市教育委員会 2003『大原 D 遺跡群 4―大原 D 遺跡群第 4 次・第 5 次・第 6 次調査報告―縄文時代編』。
福田アジオ・新谷尚紀・湯川洋司・神田まり子・中込睦子・渡邊欣雄編 2000『日本民俗大辞典』吉川弘文館。
（財）北海道埋蔵文化財センター 1985『小樽市忍路土場遺跡・忍路 5 遺跡』。
（財）北海道埋蔵文化財センター 1996『美沢川流域の遺跡群ⅩⅧ　千歳市美々 8 遺跡低湿部・美々 8 遺跡』。
（財）北海道埋蔵文化財センター 1997『北海道埋蔵文化財センター調査報告書　美々・美沢―新千歳空港の遺構と遺物―』。
（財）北海道埋蔵文化財センター 1999『千歳市　柏台 1 遺跡』。
山内大介 2005「先史時代の葬送と供儀―焼骨出土例の検討から―」『信濃通巻 668 号』。
山崎　健 2013「生業研究としての焼骨の可能性」『動物考古学 30』。
横手市教育委員会 2015『神谷地遺跡・小出遺跡』。

おわりに

　「縄文人のくらしと水」と「縄文人のくらしと火」をテーマとしたシンポジウムは、2014年の秋に開催したが、いずれも盛況であった。

　「縄文人のくらしと水」では植物や石と水の利用という視点、「縄文人のくらしと火」では考古学から民族学・民俗学という他分野の研究成果を利用して遺跡を理解しようという趣旨で開催したシンポジウムであった。遺跡には遺構とともに多様な遺物が残されており、それからも当時の人々の行動も理解できるが、その内容は限られたものでしかない。そのため遺跡の内容をより深く理解するため他分野の専門の先生に発表していただき、本書にご執筆していただいた。それぞれの先生方に衷心より御礼申し上げます。

　本書の編集作業はシンポジウム終了後すぐに取りかかったが、御所野縄文博物館内の業務とも重なり延び延びとなってしまい、丸2年を経過してようやく刊行までこぎつけることができた。その間、御所野縄文博物館といちのへ文化・芸術NPOの職員には、図版作成や写真図版編集などで協力をいただいた。

　そのほかシンポジウムの開催や本書の刊行にあたっては岡村道雄氏をはじめ多くの方々にご指導をいただいた。同成社の佐藤涼子氏、編集担当の三浦彩子氏には最後まで大変お世話いただき刊行することができた。以上の方々に衷心よりお礼申し上げます。

　2016年11月

高田和徳

■編者・執筆者紹介■

〔編者〕
高田和徳（たかだ・かずのり）
　1949年生まれ。明治大学文学部史学地理学科卒業。岩手県教育委員会文化課、一戸町教育委員会社会教育課を経て、現在、世界遺産登録推進室長兼御所野縄文博物館長。
〔主要論著〕『縄文のイエとムラの風景』（新泉社、2005年）。「御所野遺跡の考古学的な集落分析」『人類誌集報』2（東京都立大学考古学研究室、1997年）。「縄文集落の復原事例─岩手県御所野遺跡の整備から─」『日本考古学』15（日本考古学協会、2003年）。「御所野遺跡の保存と活用」『日本歴史』7（吉川弘文館、2003年）。「縄文時代の土屋根住居の復元」『月刊文化財』（共著、第一法規、1999年）。『縄文遺跡の復原』（共著、学生社、2000年）。

〔執筆者〕五十音順
おかむらみちお
　1948年生まれ。東北大学大学院文学研究科国史学専攻修了。同大文学部助手、宮城県立東北歴史資料館研究員、同考古学研究科長を経て文化庁文化財調査官。奈良文化財研究所を経て、現在、奥松島歴史資料館名誉館長。
〔主要論著〕『日本列島の石器時代』（青木書店、2000年）。『縄文の生活誌』（講談社学術文庫、2008年）。『縄文の漆』（同成社、2010年）。『旧石器遺跡「捏造事件」』（山川出版社、2010年）。『縄文人からの伝言』（集英社新書、2014年）。『岡村道雄が案内する縄文の世界』（別冊宝島、2015年）。

笠原信男（かさはら・のぶお）
　1957年生まれ。國學院大學大学院文学研究科博士課程前期修了。現在、東北歴史博物館副館長兼企画部長。
〔主要論著〕『宮城県のまつり・行事』宮城県文化財調査報告書第182集（共著、2000年）。『北上町史』資料編I（共著、桃生郡北上町、2005年）。「宮城県における修験の活動─中世熊野先達・持渡津をめぐって」『東北歴史博物館研究紀要』5（2004年）。「栗原郡における中世の修験─羽黒先達及び熊野先達」『東北歴史博物館研究紀要』11（2010年）。

丹菊逸治（たんぎく・いつじ）
　1970年生まれ。千葉大学大学院博士課程・文学博士。現在、北海道大学アイヌ・先住民研究センター准教授。

〔主要論著〕『ニブフとアイヌの異類婚譚』(博士論文、2009 年)。「ニヴフ語、アイヌ語、ウイルタ語の民具関連の共通語彙について」『アイヌ民族を中心とする日本北方諸民族の民具類を通じた言語接触の研究』(2007 年)。『トンコリはどこからきたか』(共著、船橋市飛ノ台史跡公園博物館紀要、2013 年 10 号)。「サハリンの口琴再考」『itahcara』6 号(2009 年)。

百瀬　響(ももせ・ひびき)

1963 年生まれ。立教大学大学院文学研究科博士課程・文学修士。現在、北海道教育大学札幌校教授。

〔主要論著〕『「開拓使文書」アイヌ関連件名目録』(北海道出版企画センター、1999 年)。『植民地人類学の展望』(共著、風響社、2000 年)。『ロシア極東に生きる高齢者たち：年金生活者のネットワーク』(東洋書店、2002 年)。『文明開化　失われた風俗』(吉川弘文館、2008 年)。『アイヌ文化の成立』(共著、北海道出版企画センター、2004 年)。「北海道開拓と『旧土人保護法』」『日本の対外関係』7(吉川弘文館、2012 年)。

ものが語る歴史シリーズ㉞

火と縄文人
ひ　じょうもんじん

2017 年 2 月 10 日発行

編　者　　高　田　和　德
発行者　　山　脇　由　紀　子
印　刷　　亜　細　亜　印　刷㈱
製　本　　協　栄　製　本㈱

発行所　　東京都千代田区飯田橋 4-4-8　　㈱同成社
　　　　　（〒102-0072）東京中央ビル
　　　　　TEL　03-3239-1467　振替　00140-0-20618

Ⓒ Takada Kazunori 2017. Printed in Japan
ISBN978-4-88621-748-6 C3321